나는
오늘부터
행복해
지기로
했다

심리학 박사가 알려주는
일상에서 행복을 찾는 방법

나는 오늘부터 행복해지기로 했다

레이첼 허센버그 지음
우영미 옮김

경원북스

추천사

"레이첼 허센버그 박사는 이 책을 통해 우리가 사랑하는 삶을 온전히 살아가는 최선의 방법을 알기 쉽게 제시하고 있다. 나는 몇 년 동안 이런 원칙들에 대한 글을 썼고, 이 원칙들을 내 임상실험에 적용했으며, 좌절에서 헤어 나오지 못하는 사람들을 도울 때 유용했다. 내가 효과적이고 실용적인 도움을 받았듯이, 수많은 독자도 분명히 도움을 받을 것이라고 생각한다."

– 세스 J. 길리한 박사

(『뇌의 재훈련: 7주간의 인지 행동 요법』의 저자)

"재능 있는 심리치료사이면서 우울증 연구자인 레이첼 허센버그 박사는 이 책을 통해 의욕저하, 우울증, 침체에 대응하기 위한 다섯 가지 기본 원칙을 제안한다. 사람들이 우울의 소용돌이에 빠지고 싶지 않을 때, 이 책에 나오는 풍부한 전략과 방법이 대단히 유용하며 효과적일 것이다. 이 책을 읽은 사람들은 진정으로 아웃풋 활동을 격려하는 허센버그 박사에게 감사하며, 그 활동으로 자신이 바라는 삶을 이끌어나가게 될 것이다. 이 책에 제시된 증거 중심의 실용적인 조언을 따르고 체계적으로 실행한다면 더욱 가치 중심적이고 의미 있는 삶을 즐길 수 있을 것이다."

– 나딘 J. 카슬로우 박사

(미국전문심리협회〈ABPP〉 회원, 에모리 대학교의 정신의학 및 행동과학학부 교수 및 부학과장, 2014년 미국 심리학협회 회장)

"레이첼 허셴버그 박사는 최신 과학 이론을 바탕으로 간과하기 쉬운 비결을 알아냈는데, 우울증을 물리치려면 부정적인 감정을 통제하는 것만으로는 부족하며 반드시 긍정적인 감정을 주입해야만 한다는 것이다. 허셴버그 박사는 단순하고 실행 가능한 여러 가지 전략을 설명한다. 사실 이 전략들은 사람들이 우울, 의욕저하, 무관심, 기타 부정적 기분 등과 싸움을 벌이느라 잊고 있던 것이다. 허셴버그 박사의 충고를 명심하면 당신의 감정이 살아날 것이다."

– **데이빗 F. 톨린 박사**

(미국 전문심리협회 회원, 『자신의 두려움에 맞서고 인지행동치료를 하라』의 저자)

"허셴버그 박사는 이 책을 통해 자기 계발서의 새로운 기준을 정립했다. 이 책은 아주 전문적인 내용이면서도, 사람들을 우울한 상태로 가두어 놓는 행동, 인지 및 대인관계 과정을 이해하기 쉽게 설명하며, 어둠 밖으로 빠져나오는 방법을 단계적으로 안내해준다. 이 책은 최고의 심리교육서다."

– **마이클 타제 박사**

(펜실베이니아 대학의 펄먼 의과대학 정신의학과 교수, 필라델피아 참전용사 의료센터 의사)

"이 책에서는 간결한 비법과 전략뿐 아니라 행복해지기 위해 실시하는 실제 연습도 제공한다. 이 실례와 연습은 광범위하게 조사된 최신 과학 원리에 기반을 두고 있다. 이 책에서는 행복 실현을 위한 실용적 기술을 단계별로 알려주고, 삶의 다양한 시기에서 고심하는 가장 보편적인 문제를 함께 해결할 수 있도록 통합해 놓았다. 이 놀라운 책은 정신 건강 전문가들을 위한 자기계발 자료의 보고인 동시에 전문가 자신을 위한 것이다."

– **사이몬 A. 레고**

(정신의학 박사, 뉴욕 몬테피오리 의료원, 알버트 아인슈타인 의과대학의 정신의학 및 행동학과 수석 심리학자 및 부교수)

머리말

이 책의 머리말을 써달라는 부탁을 받았을 때 '아직도 이 분야에 또 다른 자기계발서가 필요한가?'라고 자문했다. 지난 수년간, 온갖 주제를 다룬 자기계발서가 무수히 발간되었다. 개인적인 의견을 밝히자면, 유익한 자기계발서를 집필하는 일은 정말 어렵다. 수많은 독자가 공감할 만한 주제를 다뤄야 할 뿐만 아니라, 해당 분야의 실제 증언을 뒷받침하는 광범위하고 심도 있는 지식, 유익한 임상 감각과 경험, 독자와 소통하는 특별한 능력이 필요하기 때문이다.

허센버그 박사는 이 모든 것을 자신의 책에 담았다. 아울러 그에게는 사람들의 변화에 대해 전문 지식으로 해석하는 능력, 독자에게 분명하고 온정적인 대화로 지식을 알려주는 능력이 있다. 특별한 자기계발서 『나는 오늘부터 행복해지기로 했다』에는 우수한 내용 그 이상을 담고 있으며 다른 책과 비교해보아도 괜찮은 정도가 아니라 아주 훌륭하다.

지난 50년 동안 인지행동치료는 심리치료 분야에 중요한 혁신을 일으켰다. 본질적으로 임상 관찰과 경험을 토대로 하는 정신역학 치료와는 달리, 인지행동치료는 연구와 임상 관찰 양쪽에 근간을 둔다. 이 연구는 인간이 생각하고 느끼고 행동하는 기본 정보를 이용하고, 어떻게 이것이 성공적인 임상치료에 통합될 수 있는지에 대한 증거를 제공한다. 이 연구에 따르면 인지행동치료는 불안과 우울 같은 해결하기 어려운 감정을 접할 때, 사람들이 대인관계 관련 행동뿐 아니라 자신에 대한 견해를 향상하는 데에도 도움이 된다.

나는 임상심리학자들을 가르치고, 심리요법에 관한 연구를 수행하며, 인지행동치료를 실시하면서 50년 이상을 보냈다. 연구문헌에서 확인하고, 임상적으로 확인한 바에 따라 이 치료법이 효과가 있다고 자신한다. 본질적으로 연구와 임상 관찰은 우리가 인간으로서 직면하는 문제를 이해하는 관점과 치료 개입을 통해 사람들이 어떻게 개선되는지에 대한 관점을 제공한다.

허센버그 박사는 인지행동치료에 중대한 진전을 이루었고, 독자들이 자신이 바라는 바를 더 잘 파악하고 더 잘 행동할 수 있게 지침과 방법을 제시했다. 즉 미루는 행동을 극복하고, 생산성을 향상하며, 스트레스와 우울증을 줄이고, 기분이 좋아지는 방법을 배우는 것이다. 허센버그 박사는 독자들이 이런 방법들을 이용해 스스로 치료사가 되도록 도와준다.

한 가지 중요한 질문은 '자기계발서가 실제 얼굴을 마주하는 심리치료를 대신할 수 있을까?'라는 점이다. 경우에 따라 그럴 수도 있다. 이 책이 제공하는 진정한 장점은 독자가 책을 읽을 때 마치 허센버그 박사가 상담실에 마주 앉아 직접 말을 거는 것처럼 느낀다는 점이다. 박사의 연구 지식, 임상 감수성, 소통하는 능력이야말로 이 책을 매우 가치 있게 해준다. 이 책은 다양한 인생 문제를 겪고 있는 사람들을 돕는 독립적 접근법일 뿐만 아니라 치료사들이 임상 효과를 향상하고자 할 때 보조 교재가 될 것이다.

허센버그 박사는 스토니브룩 대학교에서 훈련을 받았고 박사의 교육에 내가 직접 관여했다. 물론 내게는 선입견이 있을지도 모른다. 하지만 임상 지도교수인 나의 가르침을 받았던 그가 이렇게 중요한 자기계발서를 출간하여 자랑스러울 따름이다.

마빈 R. 골드프리드 박사
(뉴욕 스토니브룩 대학교 심리학과 석좌교수)

차례

행복 스위치 ON

나는
오늘부터
행복해
지기로
했다

계획뿐 왜 실천하지 못할까?

매일 사람들은 스스로에게 "~을 해야 한다"라며 이런저런 다짐을 한다.

"일찍 출근해야지."

"운동하러 가야지."

"할 일을 미루지 말아야지."

"더 건강한 식사를 해야지."

"시간 내서 친구에게 전화해야지."

"나 자신에게 좀 더 신경 써야지."

"또 해야 할 일이 뭐가 있을까?"

자신의 가치관과 일맥상통하는 활동을 함으로써 스스로 만족할 뿐만 아니라 마음의 평화를 느낀다. 이런 활동은 한 인격체로서의 자신에게 도전의식을 심어주고, 다른 사람들과 교감하는 데 도움을 준다. 현명한 사람은 이런 계획의 실천이 건설적인 과정이라는 것을 안다. 하지만 사람들은 노력을 기울여 일관성 있게 계획을 실천하는 게 아니라 일시적으로만 열심히 한다. 그 결과, '할 일 목록'은 전혀 진전을 보이지 못한 채 절대 오지 않을 해결책만을 기다린다. 사람들이 하는 말과 행동 사이에는 스스로가 인정하는 것 이상으로 차이가 난다.

자신의 목표를 완수하면서 어려움을 겪을 수도 있고, 특히 우울할 때에는 유난히 힘들 수도 있다. 목표를 세우는 일조차 포기하는 경우도 있다. 또 계획한 일을 취소하고, 혼자 방에 틀어박혀 지내고, TV 보는 데 시간을 더 많이 쓰고, 인터넷으로 도피하고, 조금이라도 노력이 필요한 일이라면 뭐든지 차일피일 미룰 수 있다.

평범한 일상에서 어깨에 힘을 빼고 가장 기본적인 일만 하면,

당연히 압박을 덜어내는 데 도움이 될 것이다. 하지만 동시에 악순환의 시작이 된다. 일을 덜하면 해야 할 일 목록은 더 늘어나게 되고, 그러면 스트레스가 누적되며, 더 많은 스트레스로 일하는 게 더 힘들어지기 때문이다. 이런 전략으로는 행복을 경험할 기회를 얻지 못한다. 설상가상으로 사람들에게 게으르다고 비난받거나 현재 벌어지는 일에 혼란을 겪거나 예전처럼 신경 쓰지 않는 점에 스스로 죄책감을 느낄 수도 있다.

아마 당신은 갑갑하고, 우울하고, 무기력하고, 그런데도 자신의 처지를 바꿀 겨를이 없어 이 책을 집었을 것이다. 매일 하는 선택이 자신에게 아무런 도움이 되지 않아 좌절했을 것이다. 의욕이나 에너지가 부족해 어려움을 겪는지도 모르겠다. 이는 우리가 흔히 겪는 "나중에 할 거야."라고 말하고 싶은 충동과 벌이는 싸움이다.

이 책의 핵심 메시지

행복을 실행하면 행동을 묶어놓는 습관이 되풀이되는 것을 깰 수 있지만, 이는 말처럼 쉽지만은 않다. 사람들은 우울한 상황에서 우울과 더불어 자신의 역할을 수행하는 데 도움이 되는 기술을 배운다. 그렇게 함으로써 현재의 행동과 미래의 성취감 사이의 간격을 서서히 줄일 수 있다. 결과적으로 인생에서 더욱 기쁘고 의미 있는 순간을 만들어낸다.

이 책은 가령 직장에서 긴 하루를 보낸 후 운동하러 가는 데 걸림돌이 되는 일상의 고질병을 효과적으로 처리하는 방법, 좋아하는 TV 프로그램 시청을 그만두고 적절한 시간에 잠자리에 들게 하는 방법, 친구에게 전화를 걸어 저녁 식사에 초대하는 방법 등을 알려준다. 현재 우울하거나 앞으로 우울함에 빠지는 것을 예방하고 싶다면 이 책에 나오는 방법들이 도움이 될 것이다.

우울한 습관이 사람들을 꼼짝 못하게 하고 울적하게 만든다. 이 책에서 제안하는 일상적인 건강 습관은 울적함이나 우울함이 필요 이상으로 늘어나지 않도록 막아줄 것이다. 매일 체계를 잡고 목표에 전념한다면 자신의 정신과 육체를 올바르게 치유할 수 있고, 일상적 불쾌감으로 기분을 더 악화시키는 우울한 습관을 예방할 수 있다.

이 책의 핵심 메시지는 자신에게 중요한 일을 하며 시간을 보내라는 것이다. 이런 순간이 쌓이면 점차 자신이 살고자 하는 삶을 이루게 된다. 이 책에 나오는 원칙들은 신체적으로 탈진 상태일 때나 슬프고 화난 감정 상태일 때 쉽게 내세우는 변명과 미루는 행동에 대한 대책을 세우도록 도와준다. 이 원칙들은 목표에 다가가지 못하고 한 걸음 뒤로 물러서고 싶은 순간에 목표를 달성하도록 도와줄 것이다.

목표를 향해 꾸준히 나아가는 연습을 하면, 자신이 가치를 두는 것에 맞춰 행동하는 데 더 많은 시간을 할애할 수 있다. 이런 선택은 만족과 기쁨이라는 희망적인 순간을 가져오고 자신의 삶을 의미 있게 바라보게 한다. 이 원칙들은 인간관계를 굳건하게 하는 방법을 알려주어서 다른 사람들과 함께 자신이 성취한 바를 축하하면서 활력적으로 살아가는 데 도움이 될 것이다.

행복 실행의 다섯 가지 원칙으로 일상생활에 의미 있는 순간을 만들 수 있다. 이 책의 각 장에서 원칙을 하나씩 다루며 한 걸음씩 나아갈 수 있도록 순차적인 방향을 제시한다.

첫 번째 원칙: 피하지 말고 다가간다

중요한 일이 뭔지 알고 시도하게 되면 사람들은 몇 초, 몇 분, 몇 시간 동안 긍정적인 감정을 형성하게 된다. 그 감정은 삶에 의미와 목적이 있다는 인식을 점점 강하게 만든다. 당신에게 중요한 것은 무엇인가?

이 원칙은 자신의 최우선 가치를 알아내는 데 도움이 된다. 2장부터는 구체적으로 목표를 설정할 수 있는 기틀을 마련한다. 일단 1장에서는 자신의 우선순위를 알아내고 그 일을 시도하기로 결정한다. 그러면 자신이 겪는 감정 경험에 어떤 것이 영향을 끼치는지 흔적을 따라가는 방법을 배울 수 있다. 긍정적인 감정 경험을 초래하는 활동은 주로 반복되는 활동인 반면, 부정적인 감정 경험을 초래하는 활동은 사람들이 되풀이해서 피하고 싶어 하는 활동이다. 이런 활동이 자신에게 어떻게 영향을 끼치는지 찾아낼 수 있으면 더욱 현명한 계획과 전략을 세울 수 있다.

두 번째 원칙: 자기관리는 실행력을 높인다

지쳤을 때, 숙취로 힘들 때, 배고플 때, 완전한 컨디션이 아닐 때 당신은 정말 다른 날로 미루어도 되는 일을 할 것인가? 의욕이 부족해서 우울하고 괴로울 때 사람들이 대는 핑계는 양의 탈을 쓴 늑대와도 같고, 친구로 가장한 적과도 같다. "지금은 그 일을 할 수 없을 것 같아."라고 핑계를 대라며 유혹한다.

그에 반해 기본적으로 자기관리에 필요한 일반적인 규칙은 사람들에게 신체적이고 정서적인 에너지를 제공하고, 명확하게 생각할 능력을 촉진하며, 현명하게 선택하도록 돕는다. 사람들은 선택 가능한 삶의 목표가 자신의 가치관과 일치하면 몸과 마음에 에너지를 불어넣고 목표를 완수할 만반의 태세를 갖출 것이다.

이 원칙은 먹고, 자고, 운동하고, 자신이 섭취하는 물질이 뭔지 주시하고, 휴식하는 등 건강한 습관을 형성하는 데 도움이 된다. 건강한 행동은 삶의 목표를 만나도록 길을 닦아준다. 건강한 습관은 본질적으로 항우울제와 같은 효과도 있다.

세 번째 원칙: 미루는 버릇을 통제하여 실행력을 높인다

"이 일은 나중에 할 거야."라고 말하는 순간은 자신의 목표를 외면하는 순간이다. 이는 사람들이 어떤 종류의 불편을 피하려고 할 때 일반적으로 일어나는 일이다. 이렇게 미루는 버릇은 어디서나 흔히 벌어지며 사람들은 할 일을 미룸으로써 더 편하게 느낀다. 문제는 일을 계속 미루면, 스트레스나 죄책감이 쌓인다는 사실이다. 더 중요한 문제는 성취하고자 하는 일을 성취하지 못한다는 사실이다.

차고 청소를 하고 싶은데 내일로 미루고 대신 스마트폰으로 인터넷 뉴스를 읽는 순간을 떠올려보라. 이런 선택은 머릿속에서

재빠르게 이루어지는데, 나는 사람들이 미루는 버릇을 깨뜨리도록 도울 것이다. 느닷없이 거세지고, 결정을 부추기고, 피하게 만들고, 지연시키고, 다른 날로 미루게 하는 이런 감정들을 머지않아 식별할 수 있을 것이다.

세 번째 원칙을 통해 자신에게 습관적으로 '도망'가는 버튼이 있음을 인식할 수 있고, 도망가기를 '중지'시키는 버튼을 누르는 연습을 할 것이며, 융통성 있게 불편함에 대처하게 될 것이다. 그 결과 자신이 계획한 일을 그냥 창밖으로 내던져 버리는 행동 따위는 하지 않을 것이다. 자신의 삶에 스트레스를 더 만들지 않고, 자신의 목표와 상반되는 행동을 초래하지 않는 냉정한 감정을 다루는 방법을 배울 것이다. 연습을 거듭하여 두 번째 원칙에 있는 자기관리 목표들로 자신이 마주한 방어벽을 뚫을 준비를 할 것이다. 그리고 네 번째 원칙을 방해하는 상황을 예상하고 그에 대처하는 방법을 배울 것이다.

네 번째 원칙: 일정을 꽉 채워 실행력을 높인다

성취하고 싶은 일상의 활동을 파악하고, 일정표에 그 활동 계획을 표시하면 더욱 성공적으로 계획을 완수할 수 있다. 하루를 어떻게 보낼지 애매모호하게 생각하면 유튜브 동영상을 보거나 포털사이트 검색이나 하며 헤매는 결과를 초래한다. 활동을 할 예정이라면 미리 활동을 계획하고 일정을 짜서 생산성의 핵심 요소를 이용해야 한다.

사람들은 해야 할 일이 적을수록 점점 더 적게 일하고, 바쁘면 바쁠수록 점점 더 효율적이고 생산적이 된다. 이번 원칙에서는 일정을 짤 수 있는 활동을 추가로 생각해내기 위해 자신의 가치관을 활용한다. 그러면 자신의 활동을 계획하고 그 뒤를 추적하는 방법을 배울 수 있다. 계획한 일을 성공적으로 실행하려면 앞서 원칙에서 나온 기술뿐만 아니라 새로운 기술을 사용해야 한다.

다섯 번째 원칙: 찰나의 승리를 공유해서 안정을 유지한다

이 책을 읽으면서 당신이 하겠다고 말한 일을 실행하는 순간이 잦아질 것이다. 최고의 관심사를 실행에 옮길 때에는 관심을 집중하는 것이 중요하다. 그럼으로써 실제 자아와 이상적 자아 사이의 인식 차이를 최소화한다. 사람들이 자신의 행동이 건강한 방식으로 달라졌다는 것을 깨닫고, 자신이 믿고 마음 쓰는 누군가와 그것을 축하할 때, 다음과 같은 부가적 이점이 생긴다.

- 누군가와 나누는 대화 자체로 활기가 생긴다.
- 누군가에게 말해서 일어나게 된 성공을 기억한다.
- 성공한 그 상황의 중요성에 대해 더 많은 관점을 확보한다.
- 당신이 대화한 사람과 더 친밀감을 느낀다.

다섯 번째 원칙으로 삶의 긍정적인 사건을 축하하는 방법을 배울 수 있다. 그것이 얼마나 큰 사건이든 작은 사건이든 상관없다. 나는 대화가 어떻게 들릴 때 최대로 도움이 되는지 설명할 것이다. 누가 가장 도움이 되고, 그 사람이 언제 가장 도움이 될 것인지 예상하는 것도 중요하다. 도와줄 그 사람과 상황을 고려해서 자신의 경험을 극대화하고 소중한 삶의 목표와 맞붙도록 열정을 북돋우는 방법으로 누구에게 의지할지 확신할 수 있다.

연습 및 아웃풋

책을 읽고 배운 점을 일상생활과 통합할 수 있도록 연습하는 법을 알려주어 더욱 깊이 이해하고 자신의 행동을 관찰할 수 있다. 이 책을 읽고 연습할 때 그 자리에서 일지를 쓰는 것이 좋다. 종이에 쓰든 컴퓨터에 쓰든 상관없다. 또한 출판사 사이트(http://

www.newharbinger.com/39430)를 방문해서 서식 복사본을 다운로드하고 출력할 수 있다.

최신 이론 기반

이 책의 원칙과 제안은 심리학적 연구에서 한 중요 분야를 뽑아낸 내용이다. 이는 행동 변화 통론에서 가장 많이 파생되었으며, 행동 실행으로 알려진 효과적인 치료법에서 나온 구체적인 전략이다. 수많은 연구를 바탕으로 한 내용에 따르면, 중요한 일을 실행하고자 노력할 때 사람들이 계획적으로 취하는 행동은 일반적으로는 행복을, 구체적으로는 우울을 개선시킨다. 더욱이 알렉스 코브(Alex Korb)의 책 『상승 나선(The Upward Spiral)』에서 요약한 것처럼, 최근 연구는 이러한 치료 접근법 이면에 있는 신경과학을 설명한다.

우리는 이제 사람들을 꼼짝 못하게 만드는 '울적한 기분'과 '회피'라는 부정적 소용돌이(나선형)가 뭔지 안다. 세 번째 원칙은 이런 순환 밖으로 사람들을 끌어내기 위해 만들었다. 소용돌이에서 하나의 작은 행위는 긍정적인 감정 경험으로 이어지고, 이 감정 경험은 다음의 상승 행동 관여를 조금 더 쉽게 만든다. 첫 번째,

두 번째, 네 번째, 다섯 번째 원칙은 사람들이 그 원칙대로 할 수 있도록 돕는다.

각 원칙의 이면에는 확실한 경험을 담은 문헌이 존재한다. 나는 우울과 의욕 부족 때문에 고통을 겪는 수백 명의 환자들과 함께하면서 얻은 경험을 반영하고자 각 장을 순서대로 배열했다. 나는 이 작업을 하면서 행동을 취하는 일이 말처럼 쉽지는 않다는 점을 알게 되었다. 이론적으로는 이치에 맞아도 실천하는 일은 어렵다. 나는 한 번에 한 걸음씩 사람들이 성공하는 기술을 알려주기 위해 이러한 합의를 도출했다.

일을 미루고 싶은 욕구와 싸우는 게 힘들다는 것을 알리고 싶어서 이 책 중간에 내 개인적인 경험을 포함했다. 나는 이 책에 나오는 원칙들을 실행하며 수년간 실전을 쌓았고, 이는 내가 계획한 것과 실제 행한 것의 간격을 메울 수 있었다. 일상생활의 의미 있는 순간으로 사람들이 성장하는 것을 돕는 과정에 나의 별난 경험을 공유할 수 있어 즐겁다.

시작부터 끝까지 이 책은 사람들의 기분을 밝게 해줄 아주 소소한 순간을 알아내는 방법을 알려줄 것이다. 그 순간이 아주 짧다고 할지라도 말이다. 이는 슬픔과 더불어 살아가는 방법을 제공하고, 그렇게 함으로써 결국 더 많은 기쁨과 의미를 서서히 만들어 낼 것이다. 이 책은 희망적 순간에서 배움을 얻는 방법을 알려주고, 사람들이 더 나은 기분으로 원하는 삶을 이루는 데 도움이 되는 행동을 지속적으로 알아내어 그 행동에 몰두하는 방법을 알려준다. 이제 행복 실행이 시작된다.

1장

첫 번째 원칙

피하지 말고 다가간다

나는
오늘부터
행복해
지기로
했다

가치관이 있으면 분명해진다

다음은 전형적인 회피 행동이다.

오전 8시에는 이렇게 말한다.

“오늘 퇴근하고 7시 전에 집에 가야지. 그때까지는 밖이 환하니 동네를 한 바퀴 달려야겠어.”

오후 6시 45분에 집에 돌아와서 이렇게 말한다.

“너무 피곤해. 달리기는 내일 해야겠어.”

동일한 상황에서 다가가는 행동은 이러하다.

오전 8시에는 이렇게 말한다.
"오늘 퇴근하고 7시 전에 집에 가야지. 그때까지는 밖이 환하니 동네를 한 바퀴 달려야겠어."
오후 6시 45분에 집에 돌아와서 이렇게 말한다.
"엄청 피곤하군. 달리기는 귀찮고. 그냥 옷이나 갈아입고 나가보자. 피곤하니까 산책이나 해야겠다."

자신에게 중요한 일을 회피하는 것이 아니라 다가가는 방법을 배워보자. 자신에게 중요한 활동이 무엇인지 알아내고, 그 일을 행하는 것이다. 그러면 몇 초, 몇 분, 몇 시간 동안 긍정적인 감정이 배양되고, 삶의 의미와 목적에 대한 자신의 판단력을 키울 수 있다. 설령 지금 당장은 우울하더라도 가치관과 행동이 조화를 이루도록 노력하면 점차 좋아질 것이다.

당신은 무엇에 가치를 두는가? 이 질문에 대한 답을 생각해보면 의사결정과 행동을 신중히 하는 데에 도움이 된다. 새 직장을 위해 이사를 가야 하느냐와 같이 인생에서 중대한 결정을 내려야 할 때 자신의 가치관을 생각해보는 것은 자연스러운 일이다. 매일 직면하는 일상적인 상황에서 결정을 내릴 때에도 똑같이 자신의 가치관을 신중하게 생각해보기를 권한다.

가령 당신의 예정에 없던 일이 발생하면 어떻게 하겠는가? 더구나 그것이 내키지 않고 불편한 일이라면? 예정된 요가 수업과 친구와의 저녁 식사가 겹치면 어떻게 하겠는가? 가치관을 분명히 하면 이 같은 애매한 일을 결정하는 데 도움이 된다. 물론 이때 무엇이 명백하게 옳다 그르다고 할 수는 없다. 가치관을 분명히 하면 어떤 점에서 좋을까? 다음 세 가지 상황을 보자.

접근-회피 갈등

접근-회피 갈등 상황에서 사람들은 활동에 다가갈지 피할지를 생각하게 되는데, 그 이유는 활동이 흥미로운 동시에 그다지 흥미롭지 않다는 특징이 있기 때문이다. 활동이 즉흥적으로 발생할 경우, 사람들은 가고 싶어 하는 동시에 두려움을 느낀다. 스스로에게 도전의식을 북돋우고 싶고, 새로운 기량을 습득하고 싶고, 교류할 기회를 더 많이 갖고 싶다면, 두려워도 그 자리에 가고 싶을 것이다.

접근-접근 갈등

접근-접근 갈등 상황은 두 가지 흥미로운 상황이 동시에 생겼으나 어떤 이유로 둘 다 할 수 없을 때이다. 당신은 어떻게 현명한 선택을 하겠는가? 저녁 식사를 하러 가면 사교 활동을 즐길 수 있고, 요가 수업을 선택하면 그날 밤 숙면을 취하는 데 도움이 된다. 자신의 가치관을 인지하고 있으면 무엇을 할지 결정하는 데 도움이 된다. 교우관계에서 친밀감을 높이는 일이 자신이 지향하는 최고 가치라면 사교 쪽을 선택할 테고, 신체 건강을 향상시키는 일이 최고 가치라면 요가 수업 쪽을 선호할 것이다.

회피-회피 갈등

회피-회피 갈등 상황은 진퇴양난에 빠진 것과 마찬가지로 어느 쪽이 최악을 피하는 선택인지를 파악해야 한다. 자신의 가치관을 굳게 지키면, 어느 쪽에 우선권을 부여할지 결정하는 데 도움이 된다. 몸이 불편한데도, 의사에게 가기 싫을 때를 생각해보자. 전화기를 들고 진료 예약을 하겠는가? 치료를 받지 않으면 몸이 아프고 병이 더 악화할지도 모른다. 한편으로는 병원을 방문하는 불편과 여러 가지 검사를 감수해야 한다. 건강을 중시하는 가치관과 인생에서 뒤처지지 않으려는 의지가 있다면 의사에게 가기로 결정할 것이다.

당신이 가치 있다고 여기는 일은 무엇인가?

자신의 가치관을 알면, 미루고 싶은 충동과 하고 싶은 충동을 포착해야 하는 중요한 순간을 알아채는 데 도움이 된다. 다음에 나오는 가치관 영역을 훑어보면, 어떤 영역은 일찍이 본인 삶에서 중요했지만, 지금은 최우선 순위가 아님을 알아챌 수 있다. 다른 영역은 이제야 막 우선순위를 매기려고 하는 영역이다. 향후 6개월에서 12개월 정도의 가까운 미래에 대비해 자신이 지향하는 가치관이 무엇인지 알아내는 일에 집중해보자. 이 책에서는 단기적인 미래에 초점을 두고 있으므로, 자신이 직접 관련된 것에 우선순위를 두고 착수해보기 바란다.

자신이 최우선으로 생각하는 가치관을 기록하고 그 가치관이 오로지 자기 지향적이라면 자신의 성장과 발전에 초점을 맞추어야 한다. 혹은 오로지 타인 지향적이라면 다른 사람과의 관계나 요구에 더 초점을 맞추어야 한다. 두 가지가 결합될 수도 있다.

일반적으로 '자아 대 타인'에 초점을 맞추면 인생 전반에 걸쳐 변동이 심해서 이상적인 균형이 불가능하다. 그렇다 해도, 자신이 주로 어느 쪽으로 치우치는지 알면, 내면의 자아를 통해 확인해보고 싶고 또 이렇게 물어보고도 싶을 것이다. "균형을 더 중요하게 여기면 내 인생이 행복해지는 데 도움이 될까?"라고 말이다. 어쩌면 당신은 의미 있는 인간관계에 우선순위를 매기지 않았거나 아예 인간관계 자체를 피했을지도 모른다. 아니면 다른 사람의 요구에 응하며 자신의 건강을 해칠 정도로 너무 바쁜지도 모른다.

명심해야 할 또 다른 문제는 가치관과 목표는 엄연히 다르다는 사실이다. 자상한 부모가 되는 일이 당신의 가치관일 수도 있다. 그렇다면 목표는 이 가치관이 어떤 식으로 행해지는가를 뜻하며, 이는 당신이 써 놓은 '할 일 목록'에서 확인할 수 있다. 이런 가치관을 이루려는 목표로 '아들을 더 많이 안아주기' '시간 내서 딸아이 숙제를 도와주기' 따위가 포함될 수 있다. 지금 당장은 가치관에 초점을 맞추자. 일정표에 의미 있는 활동을 채워 넣으면, 이를 네 번째 원칙에 나오는 구체적인 행동 기반 목표로 전환할 수 있다.

가치관 확인하기

자신의 가치관을 확인하고 싶으면 향후 6개월에서 12개월 동안 곰곰이 생각해보자. 일지나 다운로드한 서식에 아래 질문의 대답을 적어보라. 부적절하다고 여겨지는 질문은 건너뛰어도 상관없다.

- 어떤 연애 상대가 되고 싶은가? 현재 연애를 하고 있는가? 아니라면, 연애를 하고 싶은가? 그렇다면, 왜 그런 관계를 맺고 싶은가?
- 어떤 부모가 되고 싶은가?
- 어떤 아들이나 딸이 되고 싶은가?
- 어떤 가족 구성원이 되고 싶은가?
- 우정에서 가치 있다고 여기는 점은 무엇인가?
- 자신이 받은 교육과 훈련에서 무엇이 가치가 있다고 생각하나? 더 배우고 싶은 분야나 개발하고 싶은 기술이 있는가?
- 어떤 상사나 고용주가 되고 싶은가? 직장에서 맡고 있는 역할에 어떤 가치를 두는가? 생산성, 진실성, 접근성 또는 직장의 여러 다른 측면이 가치 있다고 여기는가?
- 더 큰 지역사회를 이루는 데 어떤 기여를 하고 싶은가? 사회에 기여하

고, 사람들을 돕고, 정치에 관여하거나 지역사회에 참여하는 일에 가치를 부여하는가?

- 영성은 당신에게 무슨 의미인가? 삶에서 종교나 영성의 역할에 어떤 가치관을 가지고 있는가?
- 어떤 가치관이 신체 건강과 정서적 행복에 관련 있다고 생각하는가?
- 자기관리에 가치를 부여한다는 것은 어떤 의미인가? 자기관리가 당신이 가치 있다고 여기는 일인가? 그렇다면 그 이유는 무엇이며, 그렇지 않다면 그 이유는 무엇인가?

행복의 균형

어떤 식으로 자신의 균형이 기울어져 있는지 생각해보자. 당신은 자신의 가치관과 일치하는 삶을 살고 있는가? 아니면 일치하지 않은 삶을 살고 있는가? 아래에 나오는 눈금을 이용하여 자신이 얼마나 가치관에 따라서 행동하는지 평가해보자. 이 책을 다 읽으면 대답이 바뀔 수도 있다.

평가지 다운로드 사이트(http://www.newharbinger.com/39430)

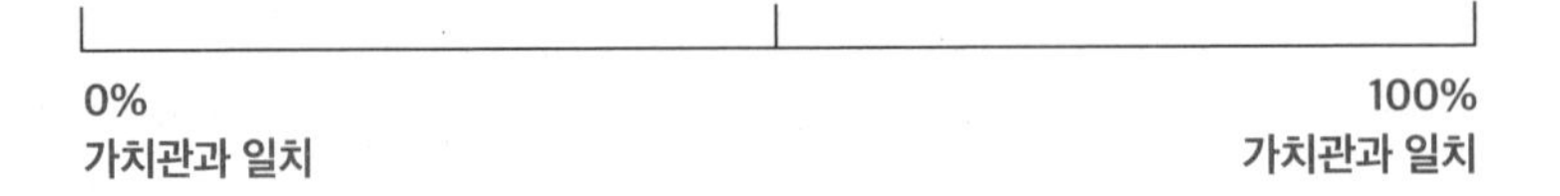

0%
가치관과 일치

100%
가치관과 일치

아래 문항을 스스로에게 묻고 떠오르는 생각을 답해보자.

- 자신이 표시한 눈금 위치가 감정에 영향을 미치는가?
- 자신이 표시한 눈금 위치가 자신을 보는 견해에 영향을 미치는가?
- 자신이 표시한 눈금 위치가 다른 사람들과 나누는 교감에 영향을 미치는가?
- 자신이 표시한 눈금 위치가 행복 실행 동기와 어떻게 결부되는가?
- 나의 행복의 비결을 이루는 요소가 무엇이라고 생각하는가?

최우선 가치관

질문에 모두 답한 후에 향후 6개월에서 12개월 동안 집중하고 싶은 상위 가치관을 세 가지 선택한다. 이를 일지나 다운로드한 평가지에 적는다. 이 목록은 2장에서 어떤 선택을 해서 자신의 의견을 지켜나갈지 우선순위를 매기는 데 도움이 된다. "X를 할까?" 또는 "Y를 할까?" 하고 혼자 고민할 때, 어느 것이 자신의 최우선 가치와 일치하는지 알아보고, 그 정보를 이용해서 자신이 중요하다고 여기는 활동에 다가가도록 스스로를 밀어붙일지 말지를 결정할 수 있다.

활동에 뒤따르는 감정 반응을 관찰하라

어떤 활동이 자신의 가치와 일치한다는 사실을 아는 것만으로도 도움이 되지만, 행동을 바꾸는 동기부여로는 충분하지 않을 것이다. 체계적인 방법으로 접근 선택이나 회피 선택이 어떻게 신체나 감정 상태에 영향을 주는지 집중해서 보기 시작하면, 다음번에는 의사 결정 과정이 좀 더 직관적으로 바뀌고 미루고 싶은 충동도 더 쉽게 이해할 수 있다.

- 가치 있는 활동을 통해 부정적인 감정과 긍정적인 감정을 둘 다 경험하면(운동을 하는 동안에는 힘들어도 끝난 후에는 기분이 좋음), 다음번에는 그 활동을 피하고 싶은 충동이 생긴다. 이를 미리 예상하면 스트레스를 덜 받으면서 계획을 세울 수 있다(일반적으로 아침 운동을 싫어하므로 저녁에 운동 계획을 세움). 아니면 그 일을 좀 더 쉽게 하는 방법으로 일정을 짤 수 있다(운동하러 가는 길에 같이 운동할 친구를 만나 함께 운동하면 훨씬 재미있게 할 수 있음).
- 회피하는 행동(운동 대신 TV 채널을 돌리며 볼거리를 찾음)이 그다지 달갑지 않다면, 소파에 파묻혀 있는 행동이 적절한 대안은 아니라는 점을 스스로에게 상기시키는 게 좋다.

• 가치 있는 활동이 긍정적인 감정을 경험하는 일로 이어지면, 이후에는 미루고 싶은 충동에 맞서 대항하는 힘이 커진다.

그런데 문제가 있다. 사람들은 아무리 가치 있는 활동을 즐겼다 해도 의욕 저하나 우울 때문에 어려움을 겪으면 기본적으로 그 활동이 좋지 않았다고 기억한다. 그래서 앞으로 그 일을 다시 하면 힘이 많이 든다고 짐작하여 그럴 가치가 없다는 쪽으로 생각하게 된다. 사람들이 실제로 어떤 활동을 할 때 적절히 선택한 경우에는 기대보다 더 낫다고 느끼는 경향이 있어서 더 즐겁고 편안하고 재미있을 수 있다는 게 중요하다.

그러므로 바로 그 순간에 와닿는 느낌을 포착하는 일이 중요하다. 그래야 미래의 자아도 더욱 정확하게 그 순간을 기억할 수 있기 때문이다. 이때 포착한 느낌을 평가하여 문서로 만들어두고 한 시간 후, 다음 날, 다음 주에 자신의 결정을 내리는 데 사용할 수 있다.

〈그림 1〉에 있는 그래프를 사용해서 일상생활에서 경험하는 변화무쌍한 감정 상태를 쉽고 효과적으로 찾아낼 수 있다. 이는 감정 강도(arousal, 감정의 세기를 나타냄, 가령 공포는 감정 강도가 강하고, 편안함은 감정 강도가 약함-역자 주)와 감정 가치(valence,감정의 양태를 나

타냄. 가령 공포는 감정 가치가 부정적이고, 편안함은 감정 가치가 긍정적임-역자 주)의 다양한 단계를 통해 자신이 경험하는 각기 다른 감정을 생각해볼 수 있다.

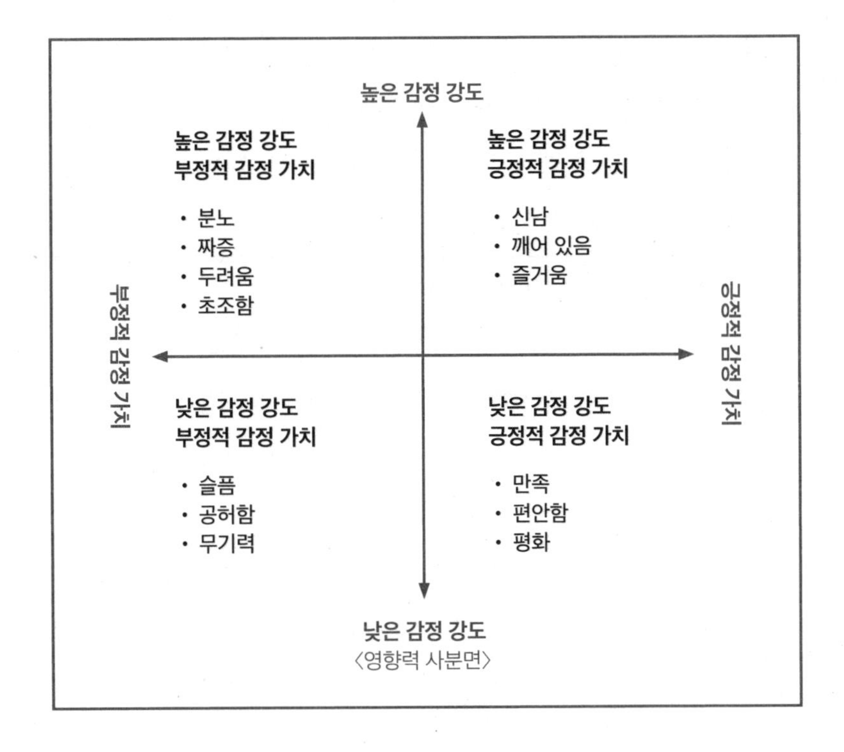

| 그림 1 | **감정 그래프**

높은 감정 강도 또는 낮은 감정 강도

자신에게 일어나는 감정의 흥분 정도가 어느 정도인지 자세히 알고 싶다면, 신체에서 얼마나 많은 활동이 일어나는지 주목해보자. 심장이 두근거리는지, 손바닥이 땀에 젖는지, 눈동자가 커지는지, 아니면 정신이 확 드는지 주목한다. 만약 그렇다면 흥분 정도가 높은 것이다('H'로 표기). 반대편 끝의 영역은 흥분 정도가 낮다('L'로 표기). 이때는 심장박동이 규칙적이고, 행동이나 생각이 느리고, 졸리고, 긴장이 풀리고, 몸이 무겁다.

긍정적인 감정 가치 또는 부정적인 감정 가치

어떤 감정이든 비록 불쾌감을 유발하더라도 좋은 감정, 나쁜 감정이 있는 것은 아님을 염두에 두고 감정 가치를 잘 생각해보자. 즉 얼마나 긍정적인지 부정적인지를 생각해보는 것이다. 감정 가치는 당신이 처한 환경과 관련하여 감정이 당신에게 무엇을 전하려는지 보여준다. 감정은 인간 생존의 근간을 이룬다. 감정이 전달하는 중요한 정보를 바탕으로 우리는 신속하게 행동을 취하며, 사회 자원과 창의성을 계발하고, 위험을 멀리하며, 지속적

생존에 필요한 일을 하도록 동기를 부여하고, 뿌린 만큼 수확하지 못하면 힘을 그만 쏟고 아껴야 할 때임을 안다.

어떤 것이 긍정적 감정 가치(P)이면, 이는 올바르고 안전한 환경에 있다는 의미이다. 이때는 신나거나, 기쁘거나, 편안한 감정을 느낄 수 있다. 부정적인 감정 가치(N)이면, 이는 상황이 위험하거나 목표 달성에 방해를 받는다는 의미이다. 이때는 슬픔이나 두려움, 분노 같은 감정을 느낄 수 있다.

자신이 겪은 경험을 지도로 만들기

감정 강도와 감정 가치를 알게 되면, 자신의 감정 상태가 격한지(H) 차분한지(L), 또는 긍정적인지(P) 부정적인지(N)를 스스로 쉽게 확인할 수 있다. 이 요소들이 결합하면 네 가지 경우가 나오는데 이 책에서는 이를 기본 경험으로 다룬다.

HP: 신남, 깨어 있음

HN: 분노, 짜증, 두려움, 초조함

LP: 만족, 여유, 평화

LN: 슬픔, 공허, 무기력

비슷한 감정 상태를 명확하게 하기

두 가지 높은 감정 강도나 두 가지 낮은 감정 강도는 비슷하게 느껴질 수 있다. 그래서 그러한 감정은 처음에 혼란스러울 수 있다. 긴장되거나 신나는가? 슬프거나 편안한가? 그에 맞춰 감정 가치를 알아내면, 자신이 느끼는 감정을 분명하고도 정확하게 파악할 수 있다.

회사의 연례 회의가 시작되기 전 긴장될 때, 신체가 어떤 반응을 하는지 자세히 생각해보라. 데이트 상대한테 문자 메시지를 받아 신났을 때 신체가 어떤 반응을 하는지 생각해보라. 두 신체 반응이 비슷해 보일 수 있다. 심장박동이 빨라지고, 호흡이 거칠어지고, 붕 떠 있는 기분이다. 하지만 두 상황에서 나타나는 감정 가치는 다르다. 당신은 회의 때문에 불안하고, 부정적 평가를 받을까 두려워서 긴장한다. 그에 반해, 연애 상대를 향한 반응은 마음을 열고 다음에 일어날 일에 호기심을 갖는다. 상대가 자신을 좋아한다고 생각하고 더 친해지기를 기대하면서 신이 난다.

지금 자신의 감정 상태를 어떤 기호로 표시하겠는가? 하루 동안 자신이 경험하는 감정이 어떻게 변화를 거듭하는지, 자신이 선택한 행동이 어떻게 다른 감정을 경험하는 일로 이어지는지 주목하길 권한다. 이 책 끝 부분에 이르면 당신은 자신의 현재 감정 상태를 알아내는 데에 있어서 전문가가 되어 있을지도 모른다.

가치관에 따라 행동하고 감정 변화를 찾아라

자신의 최우선 가치관이 분명해지고, 그 가치관을 바탕으로 다가가고 싶은 활동과 피하고 싶지 않은 활동이 무엇인지 일반적인 인식을 갖게 되었다. 그러면 일상적으로 이루어지는 선택이 어떻게 감정에 영향을 끼치는지 관찰할 방법이 생긴다. 이를 토대로 작지만 중요한 방법을 경험할 수 있다.

자신의 가치관과 일치하고 이성적으로 이치에 맞기는 한데, 노력이 많이 든다는 이유로 두려워하는 활동이 있는가? 내일이나 이번 주 일정 중 당신이 미룰 가능성이 큰 일정에 무슨 일이 생길까? 첫 번째 연습으로 아주 사소한 일을 골라보자. 이 과정에서 간단하게 통찰력을 얻는 것이 핵심이다.

- 활동을 선택하고 결과를 찾아내라. 당신은 출근하기 전에 침대를 정리하거나 퇴근해서 집으로 운전해 가는 도중에 할머니에게 전화를 걸고 싶을 수도 있다.

- 활동하기로 예정한 날이 다가오면 할 수 있는지 시험해보라. 그 활동을 하고 자신의 감정에 일어난 일을 기록하라. 높은 감정 강도(H)와 낮은 감정 강도(L), 긍정적 감정 가치(P)와 부정적 감정 가치(N)의 단계를 활용해서 자신이 활동을 하는 동안 느낀 점을 표시하라. 나중에 자신이 받은 느낌을 잘 생각해보라.
- 활동을 반복하는 것이 익숙해지면 다시 해보라. 데이터가 많으면 많을수록 관찰을 더욱더 신뢰할 수 있다. 자신의 감정 상태를 취합해서 기호로 표시하라.
- 다시 반복하라.
- 모든 행동을 기록하라. 단 몇 초, 몇 분간이라도 어떤 행동이 반복적으로 HP나 LP 상태로 이어지면 그 행동이 매일 계획해서 노력할 만한 가치가 있는지 직관적으로 결정할 수 있다. 미루고 싶은 충동과 싸우는 것이 쉽다고 생각할지도 모른다. 이는 그 활동이 지속적으로 자신을 유익하고 건강한 정신 상태로 인도한다는 사실을 알기 때문이다.

이러한 경험은 이 책에 나오는 다른 원칙의 토대가 된다. 과정을 한 번 거치고 나면 이후 모든 것은 당신이 관찰한 짤막한 정보를 기반으로 한다. 이 책에 나오는 원칙들은 서로를 기반으로 하고 있으므로 당신이 가치 있는 목표를 달성하고자 떠난 여정에서 다양한 도전을 맞닥뜨리는 순간에 이 원칙들을 적용할 수 있다.

이제 당신은 두 번째 원칙을 향해 나아갈 준비가 되었다. 다음 장에서는 어디에서건 유익한 일상 습관을 익히도록 이끌어준다. 이런 일상 습관은 네 번째 원칙의 핵심인 '가치 유도 활동'에 대응할 수 있는 신체적·감정적인 능력을 갖추게 해준다. 나는 여러분이 시작한 이 여정을 좀 더 수월하게 해내기를 바라는 마음에서 모든 장을 서로 연관되게 배열했다. 네 번째 원칙에 나오는 목표를 시작하기 전에 먼저 자신에게 신경 쓰는 연습을 할 수 있다.

자신의 신체와 정신에 유익한 활동에 초점을 맞추도록 하자. 다음 장에서 추가로 가치 있는 활동을 실행할 때 비로소 이 활동들은 성공을 북돋우는 중요한 기본 원칙들이 된다.

두 번째 원칙:

자기관리는 실행력을 높인다

나는
오늘부터
행복해
지기로
했다

건강한 습관이 우울증을 치료한다

기본적인 자기관리를 위해 규칙적인 일상을 유지하면 명확하게 사고하는 능력이 촉진되고, 부가적인 삶의 목표에 매진하는 데 필요한 신체적·정서적인 에너지가 생긴다. 지치거나 숙취에 시달리거나 배고프거나 감당하지 못하는 상태가 아닐 때, 긍정적인 감정 경험을 유발하는 활동을 미루지 않고 완수할 가능성이 더 크다. 더 나은 일자리를 바란다면 전날 밤 외출에서 생긴 두통이 없을 때, 수면 부족으로 시달리지 않을 때, 한 시간 전에 간식으로 먹은 사탕 덕에 당이 부족하지 않을 때에 자기소개서를 쓰는 게 낫다. 자기관리를 잘하면 자기소개서를 제대로 쓸 가능성이 높아지고, 이는 성취감으로 이어진다.

2장에서는 수면, 운동, 식사, 약제 관리 등 휴식을 위한 건강 습관을 기르는 데 초점을 맞춘다. 이런 행동은 그 자체만으로도 우울증 치료제와 같은 효과가 있다. 집에 앉아서 LN(낮은 감정 강도와 부정적인 감정 가치 상태)이나 HN(높은 감정 강도와 부정적인 감정 가치 상태)을 느끼는 경우, 복식호흡과 같이 긴장을 푸는 활동을 하거나 집 주변 산책 같은 신체적 운동을 하면 LP(낮은 감정 강도와 긍정적인 감정 가치 상태)나 HP(높은 감정 강도와 긍정적인 감정 가치 상태)로 옮겨간다. 우울증 병력이 있어서 안정적으로 지내고자 한다면 건강 습관을 구축하는 일이 더욱 중요하다. 건강 습관이 우울증 재발을 결정적으로 줄여주기 때문이다. 운이 나쁜 날, 울적한 날, '내 인생이 왜 이러지?' 하는 생각이 드는 날이라도 이런 습관은 당신을 건강으로 이끄는 근본적인 체계를 제공한다. 자기관리를 위해 일상 시간을 충실하게 보내면 울퉁불퉁한 도로도 그저 지나가면 그만인 도로에 불과할 뿐이다.

건강 습관으로 일상을 보내는 것을 중단하면 감정이 약해져서 LN이나 HN을 느끼게 되고, 결국 더욱 취약한 감정 상태가 되어 자신이 처한 상황을 실제보다 더 심한 스트레스로 받아들인다. 그러면 당신은 '도저히 어찌할 수 없다.'라고 여기게 되고 이는 장래에 자기 무덤을 스스로 파는 행동으로 이어진다. 이는 마치 너무 감당하기 힘들어 논쟁에 말려들거나 자신의 관심을 필요로 하는 일을 피하는 것과 같다. 이런 점에서 체계적으로 일상을 잘 유지하는 습관이 배어 있으면 난관을 잘 극복해 나갈 수 있어서, 우울한 일이 생길 가능성이 낮다.

자기관리 습관과 생체 시계

인간은 대략 24시간 주기에 해당하는 생리적 과정인 '생물학적 주기 리듬', 즉 생체 시계를 가지고 있다. 환경이라는 외부 신호는 24시간 주기로 깨어날 시간과 잠잘 시간을 인간의 몸에 알려준다. 역사상 가장 중요한 환경 신호는 태양으로, 태양이 떠오르면 잠에서 깨고 태양이 지면 잠자러 간다. 현대 사회에서는 체내 시계를 맞추는, 즉 동기화하는 다른 요소가 많다. 모든 형태의 일일 신호가 영향을 미친다. 식사, 업무 일정, 운동, TV 시청 등을 하는 시간은 깨어 있거나 쉴 시간임을 우리 몸에 알려준다.

일관성이 없는 신호는 체내 시계를 방해한다. 따라서 매일 코티졸(cortisol)과 멜라토닌(melatonin) 분비 같은 신경호르몬 활동이 제대로 이루어지지 않는다. 코티졸과 멜라토닌은 호르몬 분비를 조절하므로 호르몬 분비가 방해되면 에너지와 민첩성과 식욕에 영향을 받는다. 호르몬에 문제가 생겨도 즉각 회복하는 사람이 있는 반면 쉽게 회복하지 못하는 사람도 있다. 특히 우울증 혹은 조울증을 앓았거나 가족력이 있는 경우, 약한 우울증과 심한 조증이 포함된 경우라면 더더욱 그렇다. 이런 병력이 있으면, 호르몬에 변화가 생기고 이에 따라 에너지와 식욕이 변하면서 조울증이나 우울증 증상이 발생할 위험에 처한다.

새로운 습관을 형성할 때 자신만의 24시간 주기 리듬에 맞출 수 있는데, 이렇게 함으로써 반복적이고 예측 가능한 일과를 만들면 가장 좋은 결과를 얻을 수 있다. 24시간 주기로 활동을 동기화하면 기분이 좋아지고 기운이 회복된다. 여기에는 수면, 기상, 식사, 운동, 활동, 휴식을 취하는 시간을 규칙적으로 확립하는 일이 포함된다. 예측 가능한 자기관리 습관을 들이면 HP나 LP 상태를 느끼는 순간이 더 많아진다. 2장에서 설명하는 건강 습관을 구축하여, 새로운 행동이나 일시적으로 그만둔 행동을 일관된 방식으로 삶에 도입하고, 자신의 능력을 최대한 활용해서 명확하게 생각하며, 신체적·정서적인 에너지를 채워 더욱 가치 있는 삶을 도모하자.

아침형 인간과 저녁형 인간

인간은 누구나 체내 시계가 설정되어 있다. 자신의 체내 시계가 '종달새'처럼 아침에 일찍 일어나도록 설정되어 있는지 '올빼미'처럼 밤에 활동하는 사람으로 설정되어 있는지 알 수 있다. 종달새형 인간이라면 아침에 최상의 상태에서 일을 수행하고 일찍 잠자리에 든다. 올빼미형 인간이라면 늦잠 자기를 좋아하고, 낮에 최상의 상태에서 일을 수행하며 아주 늦게 잠자리에 들려고 한다.

아침형 인간이든 저녁형 인간이든 우리는 자신의 몸이 최고조에 이르는 시간에 맞춰 일상생활에 적합한 일관된 시간을 선택하려고 한다. 예를 들어 우리 가족은 대대로 저녁형 인간이다. 산발적으로 아침 운동을 하는 경우도 있었으나, 단 한 명도 일하러 나가기 전에 운동하는 습관을 가져본 적이 없다. 하지만 오후 9시에 가족에게 전화할 때, 뒤에서 러닝머신이 돌아가는 소리를 들어도 절대 놀라지 않는다. 이와는 반대로 남편과 시댁 식구들은 내게는 아직 한밤중인 이른 아침에 수영을 하거나 재저사이즈(재즈 음악과 움직임, 현대무용과 발레, 현대 리듬체조를 혼합한 에어로빅스)를 한다.

다음 단락을 읽을 때 이런 기본적인 선호도를 염두에 두고 자신만의 건강 습관 형성에 대해 생각해보자. 성공 가능성을 높이려면 항상 자신의 독특한 생리적 성향을 존중해야 한다.

새로운 습관을 들여라

평소에 수면, 운동, 식사, 약제, 휴식을 포함한 기본 생활 영역이 균형을 이루면 더 활동적이 된다는 사실에는 의심의 여지가 없다. 그러나 현대인은 바쁜데다 시간마저 부족하다. 이해한다. 이러한 현실을 고려하여, 습관 형성 연구에서 자기관리 행동이 일상생활의 근간이 되는 방법을 제시하는 바이다.

습관은 반복되는 행동으로, 자신의 환경에서 일어나는 일상적인 신호로 시작된다. 한 행동은 매번 동일한 신호, 특히 24시간 주기의 신호를 따를 때 습관으로 바뀐다. 그 행동은 즉시 강화할 필요가 있다. 예를 들어 특정 행동을 하면 기분이 좋아지고, 원하는 바를 얻게 되고, 원치 않는 것은 받지 않는다. 시간이 지나면서 이 행동에 내리는 의사 결정과 행동 자체는 자동으로 이루어진다.

습관을 확립하는 일은 가장 힘든 단계이다. 2장이 습관을 확립하는 데 도움을 줄 것이다. 여러 영역에 걸쳐 새로운 습관을 확립하려 들면 감당하기가 힘들어지므로, 우선 하나의 영역을 선택하는 게 좋다.

행동에서 나타나는 첫 번째 습관 영역, 즉 핵심 습관은 관련된 다른 행동에 한꺼번에 영향을 주는 경향이 있다. 다시 말해, 첫 번째 습관은 도미노 효과를 가져 온다. 예를 들어 매일 밤 같은 시각에 잠자리에 드는 핵심 습관은 알람이 울릴 때 침대에서 빠져나올 수 있는 가능성을 높인다. 핵심 습관은 추가로 건강한 습관을 만들 수 있는데, 가령 알람 버튼을 누르고 다시 잠들지 않으면 운동할 시간이 충분해지고, 그 결과 건강에 좋은 점심 식사를 할 가능성이 커진다. 이 책을 읽으면서 자신의 핵심 습관이 무엇인지 찾아 다른 영역에 자연스럽게 영향을 끼치도록 하자.

3장에서는 당신이 처한 환경에서 자기관리 습관을 발전시키는 일상 신호를 어떻게 확립할지를 알려준다. 이 책을 다 읽고 난 후에 핵심 습관으로 어떤 영역에 초점을 맞추고 싶은지 생각하기를 바란다. 그다음에 핵심 습관을 선택한 뒤 해당 부분으로 돌아가서 다시 읽고, 목표로 한 전략을 실행할 준비를 하자. 핵심 습관을 실행에 옮기면서 목표로 한 행동을 얼마나 자주 하는지, 이 행동을 할 때 어떤 일이 일어나는지 살펴보자. 2장 뒷부분에 제공하는 관찰 양식을 사용하면 쉽고 효과적으로 핵심 습관을 알아낼 수 있다. 일상생활을 추적하면 시간이 지날수록 자신의 노력을 개선하고, 지속해서 발전해 나가는 데 도움이 된다.

핵심 습관 형성을 위해 상황 파악에 도움이 되는 지침을 각 단락 첫머리에 두었다. 이제 당신은 핵심 습관을 익히기 시작하고 서로 연계하기 위한 구체적 신호를 확립하는 방법을 알게 될 것이다. 이는 아침형 인간이나 저녁형 인간에게 모두 도움이 되는 방법이다.

건강한 수면 습관

취침 시간이 엉망이라면 수면을 핵심 습관으로 삼는 게 좋다. 이미 알고 있듯이 일관된 수면 패턴은 매일의 코티솔과 멜라토닌 분비에 긍정적인 영향을 끼쳐서 에너지, 각성도(alertness), 식욕이 건강한 수준에 이르도록 한다. 일관성 없는 수면 패턴은 당신을 취약하게 만들어 에너지, 식욕, 기분 변화에 부정적 영향을 끼치기 쉽다. 수면이 부족하면 몸이 제 기능을 발휘하지 못하고 일도 제대로 처리하지 못한다는 사실은 몸소 체험하여 알고 있을 것이다. 수면이 부족하거나 문제가 있으면 집중력, 기분, 인지능력에 부정적인 영향을 미친다는 사실을 보여주는 충분한 자료가 있다.

일반적인 수면 지침

잠자리에 드는 시간: 일정한 시간에 잠을 자고 일어나는 게 가장 좋으며, 주말에도 한 시간만 더 자거나 덜 자는 게 좋다. 수면 시간을 완전히 바꾸려면 15분 간격으로 바꾸는 게 가장 좋은 방법이다. 가령 밤 12시에 잠자리에 들고 아침 6시 30분에 알람이 울리면 약간 피곤하다고 가정해보자. 나중에 더 자는 것은 해결책이 아니다. 이런 경우, 밤 11시에 잠자리에 들어 필요한 잠을 더 자야 한다. 이렇게 수면 시간을 바꿀 때 처음에는 취침 시간을 오후 11시 45분으로 설정하고, 며칠 밤이 지난 후에는 오후 11시 30분으로 해서 단계적으로 15분씩 앞당긴다.

수면 시간: 여덟 시간 동안 수면을 취해야 한다고 생각하는 현대인이 많다. 하지만 이 숫자는 모두에게 적용되는 숫자가 아니고, 실제로는 다양한 변동성이 존재한다. 자신의 몸에 필요한 시간만큼 자야 한다. 잘 모르겠으면 낮 동안에 자신의 기분이 어떤지 관찰해보자. 낮에 얼마나 졸음이 오는가? 너무 졸려 집중할

수가 없는가? 유난히 짜증이 나는가? 만약 그러하다면 이는 잠을 더 자야 한다는 신호이다. 사실 너무 많이 자도 낮에 피로할 수 있으니 지나치게 자지 않도록 주의하자.

낮잠: 30분 이상 낮잠을 자면 밤에 별로 자고 싶지 않다. 낮잠을 오래 자면 일상을 엉망으로 만들 수 있고, 늦게 잠들게 되며, 그 결과 아침에 지나치게 피곤하거나 늦잠을 자게 된다. 이 주기는 계속된다. 아무런 문제없이 낮잠을 자는 사람도 있으니 각자 자기 몸을 잘 알아야 한다. 일반적으로 낮잠을 30분 이상 자는 일은 건강에 그다지 도움이 되지 않는다.

음식: 잠자기 직전에 술을 마시거나 위에 부담을 주는 음식을 먹으면 별 탈 없이 잠이 든다고 해도 수면의 질은 떨어진다.

침실 환경: 침실을 편안하게 조성하고 되도록 사적인 안식처에 가깝게 꾸미자. 여기에는 실내 온도도 포함되는데, 침대를 함께 쓰는 사람의 취향이 다르면 협상을 해야 할지도 모른다. 또 다른 주안점으로는 백색 소음기(좋은 소리를 내서 수면에 도움을 주는 장치)에서 나오는 소리, 안락한 매트리스, 알맞게 푹신한 베개, 담요

무게, 은은한 빛 등을 들 수 있다. 잠자는 동안 감각을 자극하고 싶지 않으면 귀마개와 수면 안대 같은 물건도 훌륭한 도구가 될 수 있다.

잠들지 못할 때: 잠이 들려고 애쓰며 오랫동안 침대에 누워 있는 행동은 효과가 없다. 잠들지 못하고 30분 동안 누워 있었다면, 침대에서 내려와 스트레칭, 독서, 빨래 개기 등 긴장을 완화시키는 일을 하는 게 낫다. 졸린다는 생각이 들면 침대로 돌아간다.

걱정과 잡념: 잠자리에 들 때 걱정하거나 잡념이 떠오르는 경향이 있어서 계속 깨어 있으면, 이를 예방하기 위해 낮에 미리 할 수 있는 대책이 있다.

첫째, 잠들기 전에 생각을 제대로 정리할 시간을 가져라. 생각을 적거나 스마트폰 녹음 앱에 대고 말하거나 친구나 사랑하는 사람에게 이야기한다. 생각을 표현하는 시간을 가지면 휴식을 취할 시간에 잡념이 떠오르는 일을 막아준다.

둘째, 이 책에서 소개하는 점진적인 근육 이완과 같은 이완 운동을 하라. 아니면 세 번째 원칙에서 제시하는 운동 중 한 가지를 하면 산만한 감정을 억제하는 데 도움이 된다.

셋째, 핵심 습관을 연습하고 이 습관이 밤에 정신 활동을 줄이는 데 도움이 되는지 확인한다.

잠자리에 들어 삶을 회피함: 가끔 슬플 때, 외로울 때, 삶에서 도망치고 싶을 때 잠을 청하고 싶은 마음이 든다. 그래서 일찍 잠자리에 들거나 남몰래 낮잠에 빠지게 된다. 수면은 깨어 있을 때 받는 고통을 피하는 방법이 된다. 잠시 동안은 기분이 좋아지겠지만 자신이 소중히 여기는 일을 하지 못하고 중요한 목표를 향해 나아가지 못하며, 또 다른 즐거움을 마주할 수 없게 된다. 그 순간에는 마음이 편안해지겠지만 지속되면 수면의 불규칙성을 악화시킬 수 있다. 침대에 기어들어 가는 행동은 이로움보다는 해로움을 더 많이 준다. 그러니 조용하고 편안하게 깨어 있도록 노력해보자. 세 번째 원칙으로 이러한 전형적인 회피 함정에서 벗어나는 기술을 습득할 수 있다.

긴장을 풀고 졸음이 오는 신호

첫 번째 단계는 긴장을 풀어야 할 시간이라는 신호를 만들어 자신의 몸에 알려주는 일이다. '이완기'라고도 부르는 이 취침 전

절차는 잠자리에 들기 전 대략 한 시간을 말하며, 마음과 몸이 덜 민첩하고 느긋해지는 과도기적 시간이다. 우선 규칙적으로 잠들 시간을 선택한다. 아침형 인간에게는 밤 10시이고, 저녁형 인간에게는 밤 11시 30분이나 자정일 수 있다. 이완기를 알리는 신호는 이 시간보다 45분에서 60분 전에 온다.

밤이 되면 자연스럽게 졸리는 아침형 인간에게는 쉬울지도 모른다. 이 경우, 긴장이 풀어지는 신호는 주로 체내에 존재하여, 오후 9시쯤이면 서서히 졸음이 몰려온다. 반면, 저녁형 인간은 자신이 좋아하는 쇼가 끝날 때쯤이나 아침형 배우자가 잠자러 갈 때쯤인 밤 10시 30분경을 잘 준비하는 시간으로 일부러 정할 필요가 있다.

이완기에는 긴장을 푸는 데 도움이 되는 활동을 한다. 우선 잠옷을 입고 이를 닦고 잠잘 준비를 한다. 그다음에 제한된 시간 동안 명상 훈련, 음악 감상, 독서, TV 시청 등을 하며 긴장을 풀어준다. 몸을 이리저리 뒤척이며 쉽게 잠들지 못한다면, 침대에서 내려와 긴장을 풀어주는 게 좋다. 침대를 오로지 수면만을 위한 공간으로 정해두면 저절로 침대에 들어갔을 때 몸이 잠잘 시간이라는 것을 알게 된다.

눈을 감고 잠드는 신호

당신이 아침형 인간이라면, 수면 신호는 침대에 들어가 불을 끄는 행동처럼 간단할지도 모른다. 이완기의 활동을 하고 침대에 들어가 누워 다음 날 울릴 알람을 설정하고, 전등을 끄고, 침대의 자기 자리에 눕는 일이 수면 신호가 된다. 만일 배우자가 같은 시간에 잠을 잔다면, 서로 잘 자라는 인사를 할 것이다(그런데 배우자가 당신보다 나중에 잠을 잔다면, 당신을 깨우지 않고 조용히 침대에 잘 들어오기 바라리라). 이제 당신은 잠이 든다.

올빼미형 인간은 졸음을 포착하기 어려워하는 경우가 많다. 매일 같은 시각에 일어나고 같은 시각에 긴장을 풀어주는 일을 반복하면 이제 하루가 끝나가고 잠잘 시간이 됐음을 몸이 인지한다. 그렇지만 긴장을 푸는 시간이 이미 지나 버렸는데 여전히 깨어 있는 밤이 이어질 수도 있다.

그 순간에 당신은 무엇을 하는가? 걱정을 할수록 잠들기 더 힘들어지므로 그 일로 조바심치고 싶지 않을 것이다. 조바심치는 대신 잠잘 시간이 되었음을 몸에 알려줄 외부 신호를 추가로 만들 수 있다.

추가 외부 신호로는 잠잘 자세를 취하기 직전 불을 끄고 침대에서 하는 5분 이완 운동을 예로 들 수 있겠다. 몇 분 동안 천천히 복식호흡을 할 수도 있고(4장에서 관련 지침을 자세하게 다룰 예정이다), 자신이 평화로운 곳에 있는 모습을 떠올리거나 주위의 모든 광경과 소리와 냄새를 상상하거나 기도를 할 수도 있다.

나는 잠이 달아났다고 느낄 때 '점진적 근육 이완법(PMR, Progressive Muscle Relaxation)'을 간략하게 시행한다. PMR은 근육 이완 반응을 끌어내기 위해 각기 다른 근육 부위를 의도적으로 긴장시켰다가 이완시키는 방법이다. 다리, 발, 손, 팔, 어깨, 복부, 얼굴 등 다양한 신체 근육 부위를 각각 5초에서 10초 동안 꽉 조였다가 느슨하게 풀어준다.

내가 주로 하는 간단한 근육 이완 방법을 소개하겠다. 먼저, 두 손을 주먹을 꽉 쥐었다가 느슨하게 풀어준다. 그러면 조였다가 펴지는 대조적인 감각을 느낄 수 있다. 그다음에 발가락을 몇 초 동안 꽉 오므렸다가 푼다. 역시 조였다가 펴지는 대조적인 감각을 느낀다. 나는 잠들기 직전 이 간단한 동작을 자주 반복했다. 그러자 이 행동은 나에게 잠잘 시간임을 알려주는 강력한 신호가 되었다.

실험을 해보고 무슨 일이 일어나는지 살펴보자. 반복이 이런 방법을 효과적으로 만드는 핵심이라는 점을 명심하자. 똑같은 방식으로 긴장을 풀면 풀수록, 똑같은 시간에 잠자리에 들면 들수록, 똑같은 시간에 일어나면 일어날수록, 전등을 끄고 눈을 감을 때 당신의 몸은 더 쉽게 잠들게 된다.

눈을 뜨고 잠자리에서 일어나서 정신이 맑아지는 신호

기상 시간을 정해 일주일 내내 일정하게 지키는 일이 정말 중요하다. 우리는 대부분 알람 소리를 듣고 깬다. 아침형 인간은 알람 정지 버튼을 누르고 더 자는 일 없이 침대에서 곧바로 일어날 것이다. 블라인드를 젖히거나, 침대를 정리하거나, 샤워를 하는 행동이 정신을 차리는 신호가 될 것이다. 잠이 깨면 운동복을 입고 러닝머신으로 향하는 행동이 신호가 되도록 설정할 수 있다. 아침 시간은 아침형 인간이 이런 일을 하는 데 적합하기 때문이다. 따라서 아침형 인간의 신호는 알람으로 시작해서 운동복을 손에 들고 운동화를 신는 일로 이어진다. 그리고 운동을 시작하며 하루를 연다.

저녁형 인간에게 '침대에서 일어나는 어려움'이 있는 것은 사실이다. 단, 이 고통이 일시적이라는 점만 기억하자. 늦잠을 잔다거나 지나치게 푹 자는 일은 구미가 당기는 일이지만 잠자리에서 일어나지 않으면 더 많은 스트레스가 생긴다. 당장에 아침 식사를 준비할 시간이 없어진다. 제시간에 출근하려고 서두르는 바람에 좀 더 급하게 운전하게 된다.

자신의 목표를 달성하기 위해 인지적이고 감정적이고 신체적인 에너지로 잘 준비를 하고 싶다면, 한 시간을 덜 자거나 더 자는 일 없이 정해진 시간에 일어나 우선순위로 정한 일을 하자. 이 말에 반발심이 생길지도 모른다. "뭐라고요? 쉬라고 했잖아요. 그런데 일찍 일어나라는 건가요, 매번?" 저녁형 인간은 오전 9시나 10시까지 또는 그 이후까지 자기를 원할 테지만, 같은 시각에 취침과 기상을 지속할수록 알람이 울릴 때 몸을 더 가볍게 움직일 수 있다. 전날 밤 11시 30분에 잠자리에 든다면 아침 7시 30분에 일어나는 일이 조금 더 편안해질 것이다.

하지만 알람 소리 한 번에 거뜬히 일어나기란 여간 어려운 게 아니다. 제시간에 잠자리에서 일어나도록 도와주는 전략을 몇 가지 소개한다.

알람: 알람시계를 여러 개 사용해보자. 침대에서 손이 닿지 않는 곳에 두어 즉각 끄지 못하게 하고 각각 시차를 두어 시간을 설정한다. 수학 문제를 풀어야 알람이 꺼지는 스마트폰 앱을 이용

할 수도 있다. 그러면 알람 정지 버튼을 누르고 더 자는 일도 없거니와 아예 그 일을 생각하지도 못한다. 지긋지긋한 삑삑 음이 아니라 영감을 주는 재미나는 소리나 활기찬 음악으로 알람 소리를 바꿀 수도 있다.

스트레칭: 침대에서 가볍게 스트레칭을 해보자. 예를 들어 부드럽게 옆구리를 늘리는 스트레칭을 해보자. 잠자리에서 일어나 양반다리를 하고 앉는다. 깍지를 낀 손바닥을 밖으로 향하게 하고 팔을 머리 위로 쭉 뻗는다. 허리를 천천히 한쪽으로 구부리고, 이어 자세를 똑바로 한 다음 반대쪽으로 다시 구부린다. 요가 자세가 익숙해지면, '아기 자세(엄마 뱃속 아기처럼 몸을 작게 웅크린 자세)'를 취하고 호흡을 깊이 내쉬어 자신을 정화하자.

동기부여: 잠자리에서 일어나도록 동기를 부여하는 일을 찾아보자. 나는 잠에서 깰 때 항상 배가 고파서 아침 식사를 생각하면 쉽게 침대를 박차고 나올 수 있다. 화장실을 사용해야 하는 일도 동기를 부여하므로, 전날 밤 잠자기 전에 차를 마셔서 복부에 약간 불편함을 느끼게 하는 일도 효과적이다. 잠자리에서 일어나면 가족과 더 많은 시간을 보낼 수 있어서, 직장에 출근하기 전에 친

구나 사랑하는 사람에게 전화할 시간도 생긴다. 이 모든 일이 당신에게 동기부여가 될지도 모르니, 잠깐 눈을 더 붙일지 말지 고민될 때 떠올려보자.

도움 요청: 주변의 신뢰할 만한 사람에게 도움을 요청해보자. 정신없는 아침 시간에 돌봄이 필요한 어린아이들이 때로 당신이 필요로 하는 도움을 줄 수도 있다. 당신은 아이들을 돌봐야 할 책임이 있기 때문이다. 혹은 누군가에게 도움을 요청해도 된다. 그 사람에게 전화를 걸어 달라고 부탁하거나 격려하는 문자 메시지를 보내달라고 전날 밤에 부탁해서 깨자마자 읽는다. 나는 알람이 울리면 늘 나보다 앞서 일어나는 아침형 남편을 방으로 부른다. 남편은 힘들어하는 나를 일으켜 안아준다. 이 포옹은 잠에서 깨는 어려움을 부드럽게 달래준다.

활동: 블라인드를 걷는 일은 사소하지만 당신이 취해야 할 중요한 단계다. 날씨와 계절에 따라 달라지는 밝은 빛에 노출되면 체내 시계가 강화된다. 나중에 낮잠을 자거나 바로 다시 침대로 기어 들어가지 않도록 이부자리를 정리하는 게 좋다. 이런 사소한 정돈으로 침실 모습이 얼마나 근사해졌는지 보면 성취감을 느

끼게 된다. 이 요령을 가르쳐준 전문가에게 특히 감사한다. 샤워는 잠자리에서 일으키게 만드는 '아침 할 일' 중 하나이다. "나는 그냥 뜨거운 물 아래에 가서 서기만 하면 돼. 그러면 기분이 좋아져. 해야 할 일은 그것뿐이야."라고 스스로에게 말해보자. 다행스럽게도 현대인은 뜨거운 물을 쉽게 쓸 수 있다. 몇 시간 동안 샤워를 해서 이 지구를 훼손하지는 말고, 적당한 샤워로 새로운 하루를 시작하면서 따뜻한 물이 주는 진정 효과를 즐기자.

커피나 차 마시기: 특별하게 정해둔 머그잔에 커피나 차를 마시며 일종의 아침 절차를 시행해보자. 커피나 차의 향기를 맡으면서 무엇을 기대하는지 스스로에게 말하거나, 그날 성취하고자 하는 목표를 상기해도 좋다. 특별한 머그잔을 꺼내고, 후각을 자극해 민첩성을 높이며, 하루를 시작하는 열정을 불러일으킨다. 이런 사소한 일은 신체에 하루를 시작할 시간임을 알리는 훌륭한 방법이자 자신의 인지 활동을 증가시키고, 중요한 일에 나설 채비를 하는 방법이다.

제안한 방법 중에서 한 가지 주제를 발견했는가? 이런 제안은 아침 일상을, 나아가 24시간 주기 안에서 가능한 한 당신을 즐겁게 해준다. 자신에게 던져야 할 질문은, "하루를 시작하는 자신을 위해 무엇을 할 수 있을까?"이다. 삶에서 보상을 받아본 경험이 당신의 행동을 유도한다.

앞서 제안한 내용에서 볼 수 있듯이, 아침형 인간과 저녁형 인간은 모두 졸릴 때, 잠잘 때, 깨어날 때 자신의 몸에 전달되는 신호를 확립할 수 있다. 아침형 인간에게 가장 힘든 일은 잠잘 시간이 될 때까지 깨어 있어야 하는 일이다. 저녁형 인간은 정해진 취침 시간에 잠들고 정해진 기상 시간에 일어나는 게 가장 어려우리라. 반복을 통해 수면과 기상 패턴이 안정되면 신체는 균형 잡힌 방식으로 움직이고, 전반적으로 큰 행복을 맛보게 된다.

건강한 운동 습관

이성적으로는 운동이 자신에게 좋은지 잘 알 것이다. 운동은 체중 관리, 심혈관 건강, 당뇨병, 골밀도, 암, 낙상, 수명 등을 관리하는 데 도움이 된다. 운동은 우울증을 치료하는 일반적인 추가요법으로 널리 권장되며, 치료를 받을 준비가 되지 않은 환자가 처음에 스스로 시작하는 단계로 널리 추천된다.

그 이유는 무엇일까? 운동을 하면 자신이 쓸모 있는 사람이라고 믿는 '자기 효능감'이 증가한다. 기분이 좋아지고, 행복한 느낌을 증가시키는 신경 변화가 일어난다. 예를 들어 엔도르핀과 혈액 순환이 증가하고, 스트레스 호르몬인 코티솔 수치가 감소한다. 그러므로 운동은 일상생활을 최적으로 유지하는 데 꼭 필요한 요소이다.

운동을 할 때와 하지 않을 때 무엇을 알 수 있는가? 운동을 하지 않으면 몸이 긴장하고 통증이 생기는가? 운동을 하면 자신감이 늘어나고 더 편안해지는가? 운동이 신체적 건강, 정서적 행복, 자기관리와 관련해서 자신이 생각하는 최고의 가치관에 꼭 들어맞는가?

일반 운동 지침

앞으로 제안할 내용을 설명하기 위해 친구 크레이그를 소개하고 싶다. 모든 사람과 마찬가지로, 크레이그는 운동을 하면 좋다는 것을 알지만, 운동 계획을 실제 활동으로 실행하는 데 어려움을 겪는다. 크레이그는 퇴근하면 피곤하고, 자신이 신경 쓰고 싶지 않은 생각과 씨름하고, 심근 강화 운동이나 근력 운동을 하러 체육관에 가면 남의 시선을 의식하는 탓에 운동 시간의 75퍼센트를 힘들게 보낸다. 크레이그의 요구와 취향에 맞는 개인 맞춤 운동 방법을 제안하니, 그중 어느 방법이 당신에게도 효과가 있을지 살펴보자.

운동을 모여서 한다: 다른 사람들과 함께 운동하면서 대화하고 정보를 공유하고 서로 격려하면 더 즐겁게 할 수 있다. 다른 사람들이 당신이 참여한다고 믿으면 책임감을 느끼게 된다. 크레이그는 친구와 함께 산책하거나 자전거를 타거나 단체 강습에 참여하거나 트레이너한테 개인 강습을 받을 수도 있다.

책임감을 가진다: 가장 잘 세운 계획이라도 마음을 바꾸기는 쉽다. 크레이그는 집 근처에서 산책을 하리라 다짐하지만, 오후 6시가 되면 자신이 할 수 있는 다른 일 중 더 편한 일을 해야 한다고 생각한다. 이때 스스로 책임감을 갖는 방법이 필요하다. 이 책임감은 크레이그가 더욱 전념할 수 있게 해주며, 운동할 기회가 생기도록 할 것이다.

책임감을 수반하는 한 가지 전략은 자신의 운동 계획을 완수하기 위해 터놓고 약속하는 행동이다. 예를 들어 저녁에 무엇을 하는지 친구에게 이메일을 보내거나 직장 동료에게 오후 6시 30분에 운동 수업이 있다고 이야기하면 된다. 사소하게 보일 수도 있지만, 이 일을 말하거나 글로 쓰는 행동을 함으로써, 설사 다음 날 이들이 이에 대해 물어보지 않더라도, 크레이그는 자신의 일을 완수해 내는 사람이 되려는 마음이 든다.

크레이그는 재정 면에서 책임감을 가질 수도 있다. 헬스장에 미리 등록하면 출석하지 않을 때 금전적으로 손해를 보므로 헬스장에 나간다. 아니면 헬스장에 갈 때마다 조금씩 돈을 적립하여 일정 횟수가 지나면 자기 자신에게 선물을 주는 방법도 있다. 힘든 일을 해낸 자신을 축하해주는 것으로, 이는 동기부여가 되고 책임감을 높여준다.

자기만의 활동을 찾는다: 크레이그는 혼자 운동할 때 생각에 잠기는 경향이 있어서 심하게 HN 상태에 놓인다. 그러나 농구를 할 때에는 아이처럼 근심 걱정이 사라진다. 운동 습관을 발전시키고 강화하려면, 자신에게 맞는 활동을 찾는 것이 좋다. 운동은 아주 종류가 다양하다. 나는 장거리 달리기를 하면 항상 힘에 부치고, 극기 훈련을 모방해서 만든 수업을 하는 중에는 울고 싶은 마음이 든다. 하지만 명상 훈련은 아주 재미있으며 필라테스와 요가 시간을 고대한다. 해야 한다고 생각하는 운동을 하지 말고 본인 취향에 맞는 운동을 찾아라. 선택할 수 있는 여러 가지 운동 중 몇 가지를 다음과 같이 추가로 제안한다.

- 깃발 빼앗기
- 아파트나 사무실 건물 계단 오르기
- 댄스 수업
- 고강도 훈련
- 발야구
- 유튜브에서 무료로 제공하는 운동 동영상
- 실내 또는 야외에서 하는 암벽 등반
- 테니스
- 쇼핑몰 둘러보기
- 자연 속에서 걷기
- 수중 에어로빅
- 닌텐도 위 게임

편리한 운동을 선택한다: 크레이그는 즉석 농구 경기를 자주 한다. 하지만 대형 프로젝트를 수행하기 위해 3개월간 야근해야 한다면 어떻게 해야 할까? 크레이그는 좋아하는 TV 쇼를 보면서 인터넷에서 산 중고 실내 자전거를 45분 동안 탈 수도 있다. 문제는 크레이그가 그 일을 성공적으로 해낼 수 있느냐는 점이다. 실내 자전거를 타면 헬스장을 오가는 시간이 들지 않고, 운동 시작 시간이나 운동 시간을 편하게 조절할 수 있다. 힘들게 달리지 않고도 심박수를 높일 수 있으며, 실내에서 할 수 있으니 날씨나 밤 시간의 영향을 받지 않는다. 방해받지 않고 운동할 수 있고, TV 쇼를 보니 잡념에 시달리지 않아도 된다.

언제든, 어디서든, 어떤 방법으로든 운동할 수 있어야 한다. 하루 동안 시간을 구애받지 않고 어느 장소에서든 5분이든 10분이든 상관없이 할 수 있어야 한다. 유튜브에서 '5분 운동'을 검색하거나 뉴욕 타임스에서 '정말 짧은 운동' 기사를 찾아서 짧지만 격렬한 운동에는 무엇이 있는지 영감을 얻자.

최소 목표와 최대 목표를 정한다: 크레이그는 운동을 시작한다는 것만으로도 의욕이 넘쳐 운동 목표를 높게 정했고 아예 혼란에 빠졌다. 합리적으로 10분 동안 실내 자전거 타기 같은 최소한의 목표를 세우면 분명 성공적이리라. 자이가르닉 효과(Zeigarnik Effect)는 시작한 일을 완료하지 못할 때 사람들은 훨씬 더 긴장감을 느낀다는 사실을 보여주는 사회 심리 현상이다. 우리는 이 현상을 자기 자신을 위해 사용할 수 있다.

감당할 만한 수준의 목표를 세우면, '꾸준히 운동해서 이 최소한의 목표를 넘어서고 싶다'고 생각하는 자신을 발견할 수도 있다. 크레이그는 "10분짜리 목표를 세웠는데, 이제는 정말 간선도로까지 달리고 싶어요."라고 말할지도 모른다. 이렇게 크레이그는 운동을 시작한다. 하지만 운동을 빼먹어도 전혀 문제가 없다. 그는 계획한 운동을 실천하는 습관을 강화하고 있으며 운동과 성취감을 결부 지을 줄 알기 때문이다.

목표를 최대치로 세워도 좋다. 가끔 크레이그는 실제로 과도하게 운동하기도 한다. 그 때문에 문제가 생긴다거나 최악의 경우 몸을 다칠 수도 있다. 적어도 다음 날 운동하는 데에 심리적으로 어려움을 겪을 수 있다. 크레이그는 스스로에게 "나 참, 다시 해볼 엄두가 안 나!"라고 말할지도 모른다. 따라서 장기적으로 볼 때 시간, 거리, 반복 한도 등의 최대 목표를 어떻게 설정할지가 운동을 계속하는 데 도움이 된다.

이것을 종합해보면, 러닝머신 위를 달리거나 10분 동안만 조깅을 하더라도 만족감을 느낄 수 있다. 계속 더 하고 싶으면 그래도 괜찮다. 하지만 30분을 초과해서는 안 된다. 최소 목표를 세워 감당할 수준의 운동이 가능하면, 시간이 지나면서 자연히 습관화되어 신체가 강화되므로 운동 시간이 늘어나게 된다. 엄청나게 힘든 운동을 하지는 마라. 시간이 지남에 따라 최대 목표도 증가하고 신체가 더 강해지고 얼마나 운동하는 것이 합리적인지 안다고 할지라도 말이다. 여유 있게 시간을 가지고 운동해서 근육을 키우는 일이 정신적으로나 육체적으로도 더 좋으니, 에너지를 다 소진하지 않도록 하자.

목표와 성취를 기록한다: 일지에 운동한 내용을 기록해서 검토하는 일은 크레이그에게 엄청난 성취감을 준다. 핏비트(Fitbit, 착용식 운동 기록 기기) 같은 무선 건강 관리 기기가 크게 인기를 끄는 것도 놀라운 일이 아니다. 이런 기기는 지속해서 진행 상황과 목표 달성 여부를 시각화하여 사용자가 알아보기 쉽도록 제공한다. 온라인 커뮤니티는 지속적이면서도 활발하게 상호 작용하며 이러한 목표를 수행하는 데 도움을 준다. 일부 직장에서는 직원들이 건강을 증진하도록 도전과제와 경쟁심리를 부여한다.

사적이든 공적이든 자신의 목표를 기록하자. 긴장을 늦추지 말고 기분이 좋아지는 일은 뭐든지 하자. 바로 눈앞에서 진전이 보이면 정말 기분이 좋아지고, 성과를 사람들과 같이 축하하면 더 기분이 좋아진다. 당신이 자연스럽게 경쟁하는 성격이라면, 이 일을 자신에게 이익이 되는 방향으로 이용하고 지역사회 모임에 참여해서 동료들을 앞지를 수 있다.

운동 시간을 지킨다: 간혹 운동 일정과 어긋나는 일을 해야 할 때, 상황에 따라 그 일을 할지 말지를 평가해야 하는데, 이때 자신이 세운 방침을 고수해야 한다. 크레이그는 목요일 밤에는 농구를 하고 싶다. 그런데 친구가 퇴근 후에 만나서 저녁을 먹고 술을 마시자고 초대한다. 이러한 '접근-접근 갈등(동시에 두 가지 유인에 이끌려 한 가지를 선택하지 않으면 안 되는 상황)'에서 크레이그는 어떻게 해야 할까? 만일 친구가 외지에서 찾아왔고, 같이 운동하자고 친구를 설득할 수 없다면, 분명 융통성을 발휘해야 한다. 하지만 자주 만나는 친구라면, 미리 커피숍에서 만나자고 하거나 농구가 끝난 후에 간단히 한잔하자고 말해도 된다. 향후 6개월에서 12개월 동안 신체적·정서적 건강이 최고의 가치임을 인식한다면, 운동 시간을 지키는 일이 훨씬 더 적절한 행동이다. 두 가지 일에 모두 참여하는 방법을 고려했으나 조정이 안 된다면 제일 먼저 건강을 생각하자. 물론 이 과정에서 뭔가를 포기해야 할 수도 있다. 예를 들어 짬을 내서 운동을 하고 뒤이어 저녁 식사를 할 계획이라면 샤워할 시간이 없을 가능성이 있다. 당신이 후각이 둔감한 사람과 함께하기를 바랄 뿐이다.

운동할 신호

운동 습관을 확립할 때, 특히 처음에 어려움을 겪는다면, 운동 능력이 최고조에 달하는 때에 맞춰 시도를 하는 게 바람직하다. 당신은 아침에 일찍 일어나 운동하는 게 좋은가? 아니면 일과를 마치고 저녁에 운동하는 게 좋은가?

아침에 운동을 하려고 한다면, 다음 사항을 명심하자. 성공적으로 일어나 운동하는 데 있어 중요한 결정 요소는 합리적인 시간에 잠자리에 들었는가 하는 점이다. 수면 습관이 불규칙하고 평소보다 늦게 잔다면, 수면 습관을 핵심 습관으로 만들어야 한다. 잠을 충분히 자면 아침에 일어나 운동하는 게 수월해진다. 하지만 걱정하거나 너무 긴장한 탓에 잠이 안 와 평소보다 늦게 잔다면, 운동을 핵심 습관으로 만들어 밤에 피곤할 정도로 운동을 하여 수면 습관을 개선할 수 있다.

이른 아침이 편한 아침형 인간에게 아침 운동은 운동 습관을 기르는 데 도움이 된다. 기상 절차는 이런 순서일지 모른다. 잠자리에서 일어나 침대를 정리하고, 블라인드를 열고, 운동복으로 갈아입은 다음, 주방으로 가서 물과 간식을 먹은 후 운동하러 어디로든 향하는데, 장소는 헬스장일 수도 있고 집에 있는 러닝머신일 수도 있고 아니면 거실에 깔아둔 요가 매트일 수도 있다. 어쩌면 이러한 일상에 활력을 불어넣고자 옷을 입기 전에 영감을 주는 오늘의 명언을 읽거나 기운을 불어넣는 영적인 구절을 읽을지도 모르겠다. 혹은 '일어나서 움직이기'와 관련된 음악 목록을 만들어 운동복을 입는 동안 들을 수도 있다. 어떤 사람은 심지어 운동복을 입고 잠을 자기도 하는데, 편안함을 느낄 수 있다. 이러한 준비 과정들이 자동적으로 이루어지면 이미 절반은 성공한 셈이다.

저녁형 인간은 아침 운동이 합리적인지 시도해볼 필요가 있다. 그런 다음 얼마나 성공할지를 가늠해보라. 새 습관이 몸에 배는 일이 힘들 수도 있고 그렇지 않을 수도 있다. 아침 일찍 운동할 계획을 세웠으면서도, "내일은 더 잘할 거야."라면서 알람 정지 버튼을 누르고 더 잔다면 내일이 와도 똑같이 행동할 것이다. 하지만 자책하지 말자. 저녁형 인간은 아침 달리기를 계획하고서도 알람 정지 버튼을 누르고 더 자기로 악명이 높으니 말이다. 이런 일이 벌어지면, 당신은 목표를 수행하는 능력이 최고조에 이르는 오후나 저녁시간에 맞추어 운동하면 된다. 그 시간이 좀 더 편안하다고 느낄지도 모른다.

당신의 운동 절차는 퇴근 후 현관문에 들어설 때 시작된다. 당신의 신호는 운동복으로 갈아입고 운동할 장소로 향하라고 말한다. 소파를 보고 쉽게 유혹에 넘어간다면 직장에서 곧장 운동할 장소로 향해도 좋다. 퇴근과 동시에 운동하러 가면, 당신은 더욱 강력한 신호를 확립하게 된다. 특히 그냥 집으로 향하는 행동은 운동 습관에서 일탈하는 데 한몫을 하기 때문에 더욱 그러하다. 아침에 운동복을 미리 챙기면 운동하기 위해 이동하는 과정을 간소화할 수 있다. 이 단계는 집에서 당신을 유혹하는 많은 것(넷플릭스 포함)을 더욱 줄여준다. 일과가 끝난 후 곧바로 운동을 하면 긴장을 풀고 일과 관련된 잡념과 스트레스를 직장에 남겨두라는 신호를 설정하게 된다. 사실, 운동은 직장에서 긴 하루를 보낸 보상 역할을 한다.

저녁에 성공적으로 운동하기 위해 필요한 한 가지 중요한 사항은 운동할 시간이 되었을 때 허기로 인한 불편함을 느끼지 않도록 식사 계획을 세우는 일이다. 배가 너무 고프면, 즐겁게 운동하기 어렵다. 식사할 시간을 내지 못한 탓에 운동할 에너지가 부족하면 식사를 핵심 습관으로 삼고 싶을지도 모른다. 운동을 하지 않아서 그다지 배가 고프지 않으면 식사 준비를 깜빡하거나 너무 바빠서 아무것도 먹지 못할 수도 있다. 이런 경우, 운동은 균형 잡힌 식사를 계획하거나 집에 오는 길에 식료품 가게에서 멈추는 신호를 자연스럽게 유발하는 핵심 습관이 될 수 있다.

아침형 인간과 저녁형 인간이 어떤 신호를 가졌든지 간에, 중요한 점은 자신이 처한 환경에서 어떠한 신호라도 매우 일관성 있게 만들어 자동으로 돌아가게 하는 일이다. 운동 습관을 만들 가능성을 더욱 높이기 위해, 자기 자신에게 최초의 보상을 해주고 싶을지도 모른다. 보상을 일지에 기록해두고, 진행 상황을 지켜보면 기분이 좋아진다.

스스로에게 주는 보상과 관련하여 다섯 번째 원칙에서 더 논의하겠지만, 당신은 다른 사람과 함께 자신의 성공을 축하할 수 있다. 또는 출근하는 길에 아메리카노를 사거나, 집에 돌아와서 좋아하는 TV 쇼의 두 번째 에피소드를 보는 등 합리적인 방법으로 자기 자신에게 보상을 줄 수도 있다. 자연스러운 보상은 당신에게 동기부여를 일으키기에 충분한 엔도르핀 분비, 성취감, 만족감을 포함한다. 운동해서 보상이 많다고 느끼면 느낄수록 습관을 형성할 가능성이 더욱 커지므로, 자신이 해냈다는 점을 명확히 인정해줄 필요가 있다.

건강한 식사 습관

삶이 거대한 스트레스 덩어리라는 느낌을 줄이려면 자신의 에너지원을 살펴보는 게 좋다. 하루 종일 기분이 어떠한가? 무기력한가? 머리가 아픈가? 짜증이 나는가? 이미 논의한 바와 같이, 이런 증상은 좋지 않은 수면이 원인일 수 있지만, 먹고 있는 음식도 원인이 될 수 있으므로 이제 음식에 초점을 맞춰보자.

세 번째 원칙에서 더 자세히 논의하겠지만, 무기력, 두통, 성급함은 당신의 잠재된 미루기 성향을 증가시키는 사건을 유발한다. 특히 목표 활동에 많은 노력이 들 때 더 그렇다. 기분이 좋지 않을 때, "기분이 나아지면 해야지." 하고 그냥 포기하고 굴복할 가능성이 크다. 바로 그 순간 행동을 해야 하는 데도 말이다. 당신의 '몸을 위해' 식사를 잘하면, 조금 더 풍부한 영양을 섭취하고 좀 더 활력을 갖게 되며, 일상에서 겪는 어려움을 육체적·정서적으로 좀 더 잘 대처할 수 있게 자신의 신체를 설정할 수 있다.

혹시 아직 모를까봐 말하는데, 당신이 먹는 음식은 모든 단계에서 중요하며, 건강과 행복감에 믿을 수 없을 정도로 놀라운 영향을 미친다. 식사는 심장병과 당뇨병 같은 두 가지 큰 질환을 비롯해서 많은 의학적 질병에 영향을 미치는 주요 생활 방식의 한

부분이다. 생활 방식이야말로 이러한 질환을 예방하는 최선의 방법이다. 유전적 소인이 한 요인이긴 하지만 말이다. 식습관은 또한 소화관 미생물의 구성요소를 결정하고, 대장암, 크론병, 당뇨병, 비만, 류머티스성 관절염과 같은 질병이 발생할 장기적 위험을 높이거나 줄여준다. 이는 몇 가지만 예를 든 것이다.

자신의 몸이 구체적으로 무엇을 필요로 하는지를 많이 알아낼수록 유용하다. 가령 스스로 자신의 내장을 죽이고 있는지도 모른다는 의심이 들고, 어떻게 된 일인지 명확하게 알고 싶으면 위장병 전문의, 알레르기 전문의, 영양사를 만나보기를 권한다. 그들은 당신에게 어떠한 식품 알레르기가 있는지 검사하고 식습관이 생활 방식에 맞게 적절한 영양소를 공급하는지 확인할 수 있다. 예를 들어 당신이 채식주의자인지, 햇볕을 거의 쬐지 못한다면 필요로 하는 영양소를 다 충족하고 있는지 궁금하다고 해보자. 전문가들은 단기간에 악화를 초래할 가능성이 있는 음식을 제거한 다음에 하나씩 다시 도입하여 어떤 음식이 부정적인 영향을 끼치는지 파악하는 방법을 알려준다. 전문가와 상담하여 건강에 좋은 음식이 무엇인지 확인하는 일 외에 또 다른 중요한 요소는 건강한 식습관을 형성하고 습관적으로 하는 식사 준비와 식사 시간에 필요한 일상 신호를 확립하는 일이다.

일반적인 식사 안내지침

주방: 침대가 수면을 위한 신호이듯, 주방은 식사를 위한 신호이다. 자신과 가족의 건강에 비교적 좋은 음식이 가득한 주방은 건강한 식사로 이어진다. 식사 공간에서만 먹고 집 안 다른 방에서는 먹지 않는다. 소파는 휴식이나 가족의 유대감과 관련되므로 식사와 연관 짓지 말자. 식사 시간이 아닐 때나 배가 고프지 않을 때 먹으라는 신호에 빠지게 되면 위험하다. 식탁에서 일하면 간식을 먹기 십상이니 식탁에서는 일하지 않는 게 좋다.

배고픔: "내가 정말 배가 고픈가?" 하고 자신에게 물어보자. 무언가를 먹고 싶은데 계획한 식사 시간이 아니면, 15분 동안 기다린다. 아무리 배가 고프더라도 15분을 버틸 수 있는지 확인하자. 15분 후에 "내가 배고픈 게 확실한가?"를 평가해보자. 그래도 배고프다면, 당신을 망치는 음식이 아니라 영양분을 공급하고 쉽게 먹을 수 있는 음식을 선택한다.

식사에 집중: 풍미가 넘치고 맛있는 음식을 먹자. TV는 끄고. 여러 가지 일을 동시에 하지 않는다. 스트레스 받는 대화를 잠

시 멈춘다. 먹는 순간에는 이것이 기쁨이고 사치이며 보상 역할을 한다. 딸기, 아보카도, 수제 견과류 버터 등 맛있는 음식, 에너지를 주는 음식의 풍부한 맛에 집중함으로써 쾌락주의자가 되어보자. 부엌 식탁이나 식당에 앉아 식사를 하는 것이 좋다. 그러면 식사를 방해받지 않고 그 순간이 식사할 시간이란 신호가 되기 때문이다.

다양성 도입: 없앨 음식보다는 추가할 음식에 초점을 맞추자. 어떤 다양한 것들을 시도해보고 싶은가? 새로운 음식을 시험해보자. 나는 방금 양배추의 한 종류인 콜라비를 생각해 냈다. 믿지 못할 수도 있지만 구운 파스닙(배추 뿌리같이 생긴 채소)은 정말 맛있다. 당신에게 영감을 주는 건강 음식 블로그를 찾아보자. 나는 '초콜릿이 케이티를 뒤덮었다(Chocolate Covered Katie)'라는 블로그에 크게 감사드린다. 이 블로그는 으깬 귀리, 호두 버터, 바나나 같은 내가 좋아하는 재료로 만든 건강한 디저트와 손쉬운 음식을 보여준다.

유혹 줄이기: 건강에 해로운 음식이 집에 없으면, 나약해지는 순간에 찬장에서 그 음식을 꺼내 먹는 일이 없다. 따라서 아이스

크림이나 도넛 같은 음식을 특별한 음식으로 정하고 밖에서만 먹기로 계획하면 유혹을 이겨낼 수 있다. 눈에서 멀어지면 마음에서도 멀어지는 법이니 어떤 음식은 선반 위에 없으면 먹고 싶다는 생각이 들지 않는다.

사무실에서 일하면 유혹이 끊이지 않는다. 사탕이 담긴 용기, 생일 케이크, 조식 모임용 베이글, 기타 여러 먹을거리가 놓여 있기 때문이다. 자신이 실제 즐기는 음식을 회사에 가져오면, 추가로 이런 음식을 먹고 싶은 욕구를 덜 느낀다. 사무실 밖으로 나가거나, 회의에 자기가 먹을 음식을 들고 가거나 뜨거운 음료를 마실 수 있다. "한 조각 드실래요?" 하며 다른 사람들이 부추기면 "아니요."라는 말이 쉽게 나와야 한다. 간단히 "괜찮아요, 됐어요." "아침을 싸 왔어요." "방금 점심을 먹었어요, 고마워요."라는 말로도 충분하다.

간편하게 요리하기: 요리한다고 꼭 조리법을 따르거나 가스레인지를 사용해야만 하는 것은 아니다. 도기 냄비, 전자레인지, 토스터로도 많은 요리를 할 수 있다. 당신이 좋아하는 재료를 조합해서 음식을 만들고 그것을 반복하자. 도움이 되는 재료를 규칙적으로 자주 쓰면 된다. 계속 독창적으로 만들 필요는 없다. 중요

한 점은 일상생활에서 균형 잡힌 식사를 하는 일이다.

이동 중에 간식 먹기: 어른들 말씀에 귀 기울이고 음식을 싸 가지고 다니자. 앞으로 세 시간 반 뒤에 배가 고플 것이라고 예상하라. 여기저기 돌아다닐 때, 사 먹는 음식은 싸지도 않고, 건강한 음식을 고르기는 더 어렵다. 사과와 아몬드를 가방에 넣고 다니자. 이런 식으로 절약해서 모은 돈을 특별한 데에 쓸 수 있다.

식사의 악순환 피하기: 전형적인 함정에 빠지지 말자. "먹으면 안 되는 음식을 먹었어. 짜증 나는 날이야. 어차피 이렇게 됐으니 실컷 먹어 버릴까." 같은 태도는 금물이다. 당신은 그 다음 날은 음식을 더 제한하게 되어 좋은 요요가 시작되지만, 뒤이어 나쁜 요요가 이어지고, 다시 좋은 요요가 되풀이된다. 문제가 되는 식사를 하루 했을 뿐인데, 최악의 경우 무질서한 식습관에 빠지게 된다. 가장 좋은 충고는 무엇일까? 한 번 일탈했다고 해서 당신이 아주 망가지지는 않으니 정상적인 식습관을 즉시 재개하는 일이다. 직장에서 계획에 없는 생일 케이크를 먹었는가? 인생이란 원래 그런 거다. 규칙적인 식사 계획으로 되돌아가고 이 경험에서 교훈을 얻으면 된다. 다음에 케이크의 유혹에 빠지고 싶지 않다면, 어떤 방법이 저항하는 데 도움이 될까?

식사에 반응하는 자동적 자극: 식사를 바꾸도록 부추기는 것이 뭔지 주목하자. "난 너무 뚱뚱해. 그건 안 먹는 게 낫겠어." 같은 말처럼 몸매에 대한 불만일까? 아니면 "인사고과 점수를 잘 받았어." 같은 만족감일까? 피곤하거나, 스트레스를 받거나, 슬프거나, 불안하거나, 지루할 때 습관이 바뀌는가? 세 번째 원칙에서는 자신의 목표에서 멀어지지 않고 감정에 대처하는 법을 더 많이 다루었다.

음식 관찰: 힘든 순간을 이겨내려고 위안을 주는 음식을 먹든, 주의를 기울이지 않고 먹든 간에, 몸에 들어간 음식량이나 종류로 힘든 시간을 보내고 있다면 그 음식을 관찰하자. 당신이 무엇을 먹는지, 얼마나 먹는지, 언제 먹는지 간단하게 기록하자. 아침, 점심, 저녁, 간식 정도로 간단하게 구분한다. 2장의 마지막에서 제공하는 서식에 자신이 먹는 음식을 기록해도 좋다. 무료로 일지를 쓸 수 있는 홈페이지도 있다. 엑셀을 이용해도 좋고 노트나 일지에 기록하는 방법도 괜찮다.

관찰은 행동을 변화시키는 가장 훌륭한 전략이다. 계속 조사하다 보면 자신의 일지에 나오는 특정 행동은 외면하고 싶어진다. 이런 행동을 고백하는 일은 힘든 일이므로 자신에게 너그럽고 정직해야 한다. 당신이 어떤 통찰력을 얻을 수 있는지 확인하자. 여러 패턴을 알 수 있을 것이다. 예를 들어 하루 중 특정 시간이 되면 몰래 음식을 먹고 싶을 가능성이 커진다. 스트레스를 받으면 퇴근하는 길에 패스트푸드를 먹으려고 충동적으로 멈추기도 한다. 슈퍼마켓에서 자녀들에게 주려고 산 아이스크림을 TV를 보면서 그날 밤 전부 먹어치우는가? 어떤 패턴을 찾을 수 있을까?

건강한 음식으로 몸에 영양분을 공급하는 신호

실제로 배가 고픈지 그냥 심리적으로 배가 고픈 건지 혼동하기 쉽다. 실제 배고픔을 나타내는 내부 신호에는 공복감, 배에서 으르렁거리는 소리, 약간 어지러운 느낌, 힘이 소진되는 느낌이 포함된다. 신체적 신호에 대한 자신의 인식을 신뢰할 수 있다면, 이러한 신호로 충분하다.

하지만 불행히도, 배고픔을 나타내는 유형은 혼동하기 쉽다. 심리적인 배고픔은 어떤 보상을 얻고자 먹으려고 하는 상태이며, 맛있게 먹는 동안에는 그 어떤 것도 중요하지 않다. 기본적으로 당신의 쾌락 중추에서 도파민이 분출하기를 갈망하는 것이다. 먹고 싶은 이유는 먹는 그 자체가 보상이고 위안이며 즐거움이기 때문이다. 우리는 대부분 실제로 배고픈지 심리적으로 배고픈지를 혼동하여, 스트레스를 받거나 슬프거나 몹시 화가 나거나 지루할 때 음식을 먹는다. 이런 신호에 반응하여 음식을 먹는 행동은 좋지 않다. 실제로 배고픈지 구분이 어렵다면 하루 중 예측 가능한 시간에 계획된 식사를 하는 게 좋다. 그러면 유용한 일상의 신호가 발생한다. 다음은 예측 가능한 식습관을 확립하기 위해 전후 상황과 시간을 고려해서 만든 하루치 견본이다.

- 첫 번째 식사: 아침 6시 30분에 기상하여 옷을 입고 7시에 주방에 들어간다(신호). → 아침을 먹는다.
- 첫 번째 간식: 직장에서 오전 9시부터 10시까지 하는 회의를 끝낸다(신호). → 가볍게 간식을 먹는다.
- 두 번째 식사: 직장에서 시계나 알람이 오후 1시에 울린다(신호). → 점심을 먹는다.
- 두 번째 간식: 직장에서 기운이 없거나(내부적 신호), 시계가 오후 4시를 가리킨다(외부적 신호). → 간식을 먹는다.
- 세 번째 식사: 퇴근 후 편한 옷으로 갈아입고, 주방으로 가서, 냉장고를

연다(신호). → 저녁을 준비해서 먹는다.

이것은 예측 가능한 시간에 확실하게 식사할 수 있다는 사실을 보여준다. 이렇게 하면 과식을 피할 수 있다. 서너 시간 간격으로 식사와 간식이 계획되어 있으므로 그 사이에 먹을 여지가 없기 때문이다. 이 방법은 식탐이 있는 사람에게 도움이 되는데 "어머나! 먹는 걸 까먹었어." "스트레스 받아서 식욕이 없어."라고 말하는 순간이 오지 않는다. 당신의 몸은 규칙적으로 이러한 정해진 시간에 먹을 준비를 한다.

매일 규칙적인 식사를 하려면 필요한 음식을 준비하는 습관이 필요하다. 당신이 먹을 음식이 준비되면, 신호에 맞춰 먹으면 된다. 외식을 하거나 배달 음식을 먹을 때도 있지만, 일반적으로 자신의 독특한 욕구를 충족하는 음식을 먹는 가장 좋은 방법은 식사 시간 전에 주방에서 식사를 준비하는 일이다.

미리 식사를 준비하는 신호

식사를 준비하는 첫 단계는 배가 고프기 전에 재료를 미리 준비해놓는 일이다. 앞으로 며칠 동안 필요한 기본 식료품과 정해진 재료를 사놓기를 적극 추천한다. 식사를 하려면 먼저 식료품을 사야 하는데, 시장에 가는 순간 이미 배가 고픈 상태라면 마구잡이로 식료품을 집어 들게 된다. 이것은 전혀 건강한 선택이 아니다. 아니면 시장에 가는 대신에 배달 음식을 주문하거나 외식을 할는지도 모른다. 필요한 식료품을 미리 사두면, 계획한 시간에 준비하여 계획한 시간에 식사하게 된다. 차리기 번거로운 유럽 음식을 자주 먹고 매일 조금씩 재료를 사는 습관이 몸에 배었다면, 허기가 밀려들기 전에 상점에 자주 들르는 게 좋다. 목표는 '배가 고프기 전에' 필요한 식품을 계획하고 사는 것이다. 그러면 일상적으로 계획한 시간에 식사 재료를 준비할 수 있다.

즐겁게 식사 준비하기

음식을 준비하는가? 음식을 준비하지 않고 미리 만들어진 음식을 전자레인지에 데우고 싶은가? 어찌 됐든 일정에 따라 균형 잡힌 식사를 준비하는 것이 중요하다. 다음에 나오는 몇 가지 제안은 당신이 음식 준비를 즐거운 마음으로 할 수 있는지를 보는 실험이다.

- 음식을 준비할 때 자신에게 즐거운 일을 함께한다. 재료를 썰고 끓일 때 좋아하는 팟캐스트나 라디오 방송이나 음악을 듣는다.
- 좋아하는 쇼가 시작되기 전에 오븐을 예열한다. 중간에 광고가 나가거나 10분 단위로 잠시 멈출 때 준비한 생선, 닭고기, 채소, 감자를 오븐에 넣는다. 요리가 되는 동안 쇼를 계속 본다.
- 요리 준비를 사교적인 활동으로 만들어 함께할 사람을 초대한다.
- 신선한 재료를 집으로 보내주는 음식 배달 서비스를 이용한다. 이 방법은 시간을 아낄 수 있으므로 장보기 목록을 적어 슈퍼마켓에 갈 필요가 없다. 장보기 목록대로 조리를 하면 시간이 오래 걸리는 건 당연하다.
- 한 음식에 들어가는 재료 수를 제한하여 음식을 간단하게 만들고 개인적인 도전 과제를 선정해보자.
- 시장에서 집으로 돌아오면 구입한 야채를 잘라서 냉장고에 넣어둔다. 배고파서 무언가를 먹고 싶을 때 도움이 된다. 또한 플라스틱 용기에 한 움큼씩 담아 두면 이동할 때 가지고 다닐 수 있다.
- 한 달에 한 번 많은 양을 요리해서 소량씩 담아 냉동해 두었다가 오븐이나 전자레인지로 간단히 데워 먹는다.
- 정말로 음식을 준비하기 싫으면, 하기 싫은 이 일을 다른 가족에게 맡길 수 있는지 확인하자. 인생은 짧으니까!

음식 준비 시기

언제 음식을 준비하는가? 일주일 또는 하루 단위로 시간을 정해 한꺼번에 준비해두기를 권한다. 아래에 소개하는 다양한 유형 중에서 하나를 골라 자신에게 가장 적합한 시간을 찾아보자. 선택한 시간이 언제이든, 해당 시간이 되면 본인 체력에 맞게 꾸준히 해야 한다.

- 어떤 사람은 주말에 요리를 많이 해두었다가 그다음 주에 이 음식들을 먹는다. 평일에는 너무 정신이 없으니, 음식 준비를 주말에 하면 일상이 느긋해진다.
- 어떤 사람은 매일 저녁 휴식 삼아 저녁 식사를 만들고, 이튿날 남은 음식을 점심으로 싸서 직장에 가져간다.
- 아침형 인간은 아침에 일찍 일어나 음식을 준비한다.
- 밤에 다음날 점심을 포함해 몇 가지 음식을 만드는 방법도 있는데, 이는 아침형 인간이 예정된 취침 시간까지 깨어 있는 데에 도움이 된다. 예를 들어 저녁 신호는 잠옷을 입고, 마음을 진정시키는 음악을 틀고, 주방에 들어가서 차를 끓이고, 다음날 식사를 준비하는 일이 된다.
- 밤에 기력이 왕성한 저녁형 인간은 저녁 식사 후 즐겁게 다음날 점심을

준비하므로, 아침 시간이 간소해져 수면 시간을 극대화할 수 있다.

- 저녁형 인간이 아침에 음식을 만들면 하루를 시작하는 데 도움을 준다. 예를 들어 아침 신호는 주방에 들어가서 커피를 끓이고 서서히 정신을 차리면서 점심을 준비하는 일이 된다.

다양하게 시도해보고 무엇이 가장 적합한지를 확인하자. 선택할 때는 일관성이 있어야 하며 자신의 몸 상태에 알맞아야 한다. 건강한 식습관을 확립하고 싶다면 다음 네 가지 조언을 따른다.

- 집에 필요한 재료를 준비해두고 자신에게 영양가 있는 재료를 산다.
- 규칙적인 시간에 식사를 준비한다.
- 즐겁게 식사를 준비한다.
- 정해진 시간에 식사를 한다.

건강한 약제 복용 습관

수면, 운동, 식사 외에 자기관리의 또 다른 중요한 측면으로 평소 어떤 약품을 섭취하는지 주의를 기울이는 것이 있다. 지금까지 음식 선택에 대해 논의했으므로, 이번에는 비타민, 치료약, 기분 전환용 약제, 흡연 및 음주에 초점을 맞추려고 한다. 비타민과 치료약을 안정적이고 엄격한 방법으로 섭취하고, 약제와 담배와 술을 제한하면 일상 신체 기능을 최적화할 수 있다. 그렇게 해서 당신은 다른 보상이 되는 활동에 노력을 기울이는 게 가능하다. 내가 우선 초점을 맞추는 것은 치료약 복용을 기억하게 하는 신호를 알려주는 것이고, 그다음에는 왜 맑은 정신을 신중히 여겨야 하는지 이유를 설명하겠다.

규칙적인 약제 복용

비타민과 치료약은 일정한 시간에 권장량을 복용해야 한다. 앞으로 다 '약제'라고 통칭할 비타민과 치료약은 일관성 없이 복용하면 신체적·인지적·정서적 부작용을 가져오고 심지어 위험을 초래한다. 대부분 약제는 매일 같은 시간에 일정한 간격으로 복용해야 한다. 또한 복용 시간은 식사를 언제 하느냐에 따라 다르다. 공복이거나 공복이 아닌 상태에서 약제를 복용해야 가장 효과적이다. 그렇지 않으면 해로운 약도 있다.

어떤 사람은 남은 인생 동안 약제치료에 의지하고 싶지 않거나, 의사의 권고에 완전히 동의하지 않기 때문에 약제치료를 주저한다. 비판적으로 생각하는 일은 당연하고 자기 자신을 보호하려는 생각도 당연하다. 하지만 약제를 무조건 복용하지 않으면 해로울 수 있다. 약제치료를 지속할지 검토하기 위해 약을 먹었을 때 나타나는 결과를 알아보고 싶다면 약제 복용 자료를 수집해서 주치의와 공유해야 한다. 일관되게 복용하고, 복용할 때 일어나는 증상을 메모한 다음, 담당 의사와 협력하고 문제 해결을 위해 그 정보를 바탕으로 약제치료 전략을 개선해야 한다. 2장의 마지막 부분에서 제공하는 관찰 서식을 사용하면 각 습관 영역에서 나타난 결과를 기록할 수 있다. 그런 다음 담당 의사와 공유하자.

약 먹을 시간을 알려주는 신호

하루에 한 번이든 두 번이든 빈도와 상관없이 대부분의 사람이 아침에 약제를 복용한다. 그런데 아침에 자신을 비롯해 배우자, 어쩌면 아이들까지 챙기면서 아침에 약을 먹기란 쉬운 일이 아니다. 우리에게 주어진 시간은 한정되어 있다. 따라서 이 건강 습관을 유발할 만한 신호를 갖지 못하면, 약을 먹어야 한다거나 이미 약을 먹은 사실을 기억하기가 매우 힘들다. 건너뛰거나 두 차례 복용하는 게 좋은 일이 아님은 두말할 필요가 없다.

눈에 띄는 곳에 약병 보관하기: 약병 그 자체를 눈에 담을 신호가 있어야 한다. 나는 남편이 아침에 먹는 제산제를 늘 주방 조리대에 놓아두었다. 남편은 이 약병을 보고 직장에 나가기 전에 약을 복용한다. 우리가 휴가를 가게 되면, 물리적인 환경이 다르므로 이런 시각적인 신호가 사라진다. 이때에는 다른 전략을 사용해야 한다.

칸이 나뉜 약통 사용하기: 일곱 칸으로 나뉜 약통은 요일별로 약을 분류할 수 있다. 약통 하나로 두 가지 임무를 수행한다. 약통 자체가 시각을 자극하는 신호일 뿐 아니라, 약을 복용했는지 다시 한 번 확인하는 데에도 효과적이다. 다른 수많은 일을 생각하느라 여러 차례 복용하거나, 나중에 "내가 약을 먹었나?" 하고 의구심이 든 적이 있는가? 이제 해야 할 일은 해당 요일의 약 칸을 들여다보는 일뿐이다. 약통을 눈에 잘 띄는 곳에 두면 더욱 성공적으로 약제를 복용할 수 있다. 기억을 되살려 약통을 제일 먼저 꺼내도록 이 제안을 다른 신호와 합칠 수도 있다.

활동과 연계하기: 복용 신호는 이를 닦거나 아침 커피나 차를 준비하는 일처럼 절대 잊지 않을 다른 활동이 될 수도 있다. 화장실에 들어가 이를 닦고 곧바로 약을 먹는다. 주방에 들어가 주전자를 올리고, 물을 붓고, 약을 먹는다. '약을 복용할 때'에는 복용에 정신을 집중해서, 나중에 자기 자신에게 먹었는지 되묻지 않도록 한다. 칸이 있는 약통과 함께 이 방법을 사용한다. 칸이 있는 약통이 없는 경우, 일반 약병에서 약을 꺼내 조리대에 놓고, 약병을 치운 다음 약을 한꺼번에 먹는다. "좋아, 지금 약을 먹고 있어."라고 자신에게 크게 소리 내어 말해도 된다. 이 행동은 기억에 도움을 주어 5분 뒤에 드는 의구심을 덜어준다.

알람 설정하기: 알람은 기억을 되살리기 쉽고, 이동 중에 약제를 복용해야 할 때 특히 유용한 신호가 된다. 온라인과 스마트폰 기술은 손끝으로 간단히 조작만 하면 된다. 아침에 일어날 때 알람을 설정할 수 있고, 정기 행사를 달력에 기록할 수 있고, 일정에 적을 수도 있으며 앱을 다운로드해서 사용할 수 있다. 약을 가지고 일하러 가거나 저녁 식사를 하러 나가는 경우, 약을 지니고 있다는 사실을 상기해주는 신호가 필요하다. 작은 약통을 매일 같은 장소에 놓아두는 방법도 좋다.

다른 사람에게 알려달라고 하기: 나는 기억을 되살리기 위해 이 방법에만 의존하지는 않는다. 이 임무를 맡은 사람이 당신을 짜증나게 하거나 너무 콕 찌르며 알려주는 건 아닌지 걱정할 수도 있다. 하지만 도움을 받는 편이 좋다. 반드시 관련된 사람이 상황을 모두 이해하고 있는지 확인한다. 휴가를 가는 등 어떤 이유로 일과가 일시적으로 중지되었을 때, 휴가에 동행한 사람에게 도움을 받고 싶을 수도 있다. 바로 이때 나는 남편에게 제산제를 먹으라고 상기시켜준다. 왜냐하면, 주방에 있는 일반적인 신호가 거기에는 없기 때문이다.

기분 전환용 술 제한

이 책을 읽는 당신은 자신에게 중요한 문제에 보탬이 되는 행동을 알아내서 실행하고 싶을 것이다. 기분 전환용 술은 단기적으로는 효과가 크지만, 몇 시간이 지나면 부정적이고 문제가 되는 결과를 가져온다. 도수가 아주 약한 술이라도 수면, 건강, 운동 목표에 가까워지기보다는 되레 한 걸음 더 멀어지게 한다. 술은 심야에 치즈 스테이크를 먹게 하거나, 밤에 자주 깨게 하거나, 늦잠을 자게 하거나, 친구와 약속한 달리기를 건너뛰게 한다. 또한 다음 날 감정적으로 더 연약해진 자신을 눈치채게 되고, 우울증에 취약한 사람이라면 특히 문제가 된다. 기상할 때 HN(강한 감정 강도와 부정적 감정 가치 상태)이나 LN(약한 감정 강도와 부정적 감정 가치 상태)을 느끼면, 미루고 싶은 충동에 쉽게 굴복한다.

따라서 되도록이면 우울증과 의욕 부진을 개선하고 행복감을 느끼도록, 음주, 흡연, 약제 복용을 제한하라고 강력히 권한다. 당신이 "음주와 흡연을 하면 긴장이 완화되는데…."라고 생각한다면, 긴장을 풀고 싶어 하는 당신의 마음에는 전적으로 동의한다. 그렇다 하더라도 지금까지 말한 내용을 환기시키는 일상적인 습관이 필요하다는 것도 전적으로 유효하다. 다음은 건강하게 휴식을 취하는 방법들이다.

건강을 위한 휴식 습관

휴식은 긍정적 감정 가치와 약한 감정 강도 상태인 LP를 경험하는 일이다. 평화롭고, 안전하고, 만족하는 순간이다. 심장박동수, 호흡, 생각이 모두 느려진다. 휴식할 시간을 가진다는 것은 죄책감을 동반한 즐거움과도 같은 느낌이며, 흔히 바쁜 생활 방식으로 들어가기 전에 거치는 첫 번째 행동 양식이기도 하다. 현대 사회는 '빨리 빨리'의 가치를 확실히 강화한다. 휴식은 스트레스로 생기는 생리적·심리적 영향에 대처하는 데 도움이 된다. 근육 긴장과 만성 통증 감소, 염증 감소, 혈압 강하 및 집중력 향상과 같은 여러 가지 이점이 있다.

그러면 언제 휴식을 취할까? 어떻게 휴식을 취할까? 몇 가지를 제안한다. 직관에 어긋나는 듯 보이지만, 출퇴근은 휴식을 위한 훌륭한 신호가 된다. 당신이 차를 타거나 지하철을 타거나 아니면 직접 걸어가면서 즐거운 음악을 틀고, 마음껏 노래하고, 지적 자극을 주는 팟캐스트를 다운로드하고 정말 대화하고 싶은 사람에게 전화를 할 때이다. 창의적인 저녁 식사를 위한 요리를 구상하거나 영적으로 의미 있는 구절을 곰곰이 생각하거나, 동료 통근자들을 생각해보라. 이전에 있었던 사건을 곱씹거나 미리 앞서서 힘든 생각으로 가득 채우지 말고, 현재의 순간에 관심을 집중하거나 심지어 미래에 대해 우스꽝스러운 공상을 하라. 견본 신호는 이렇다. 교통 카드를 긁고, 스마트폰을 이용하고, 테리 그로스가 진행하는 '프레시 에어(미국 라디오 토크쇼-역자 주)'로 떠나라.

휴식을 위한 또 다른 일상적인 기회는 운동 습관으로 두 가지 의무를 다하는 것이다. 휴식을 위한 신호에는 요가 학원에 등록하기, 혼자서 도로변 걸어 다니기, 오토바이를 타기 위해 헬멧 쓰기, 따뜻하고 상쾌한 물속으로 뛰어들기가 해당된다. 이러한 활동을 시작하여 자기효능감(자신이 어떤 일을 성공적으로 수행할 능력이 있다고 믿는 기대나 신념)이 있고 조용하며 현재에 초점을 맞춘 관심의 장소로 떠나자.

직장에서 긴 하루를 보내고 집으로 들어올 때 어떤 일이 일어나는지 집중해보자. 아마도 당신은 습관적으로 와인 잔을 따르거나 냄비를 꺼내려고 할지도 모른다.

긴 하루가 끝날 때 나타나는 휴식 신호

이상적으로 보자면 그냥 현관문을 지나 집에 들어가는 게 휴식의 신호가 된다. 하지만 현실적으로 우리에게는 휴식을 취하기 전에 개인적으로 해야 할 일이 많다. 이러한 점을 염두에 두고, 자신의 몸에 '이제 휴식할 시간이야.'라고 전달하려면 어떤 신호가 필요할까? 와인 한 잔이 "아, 하루가 끝났네." 하고 알려주는 상징이듯이, 그 시간을 기념할 다른 특별한 의식을 찾아보자. 와인 말고도 당신을 위해 무대를 꾸미고, 근무시간이 끝났으며 맑은 정신으로 긴장을 풀 시간이라고 알려줄 신호로는 무엇이 있을까? 모든 새로운 습관과 마찬가지로 이런 행동을 반복하면, 자신이 처한 환경에 내재한 특정 측면과 내적 휴식의 감정 사이를 연계하는 데 도움이 된다. 여기 몇 가지 제안이 있다.

음악: 음악은 당신에게 지금이 휴식할 시간임을 일깨운다. 배경음악으로 부드럽게 연주하든 헤드폰이나 스피커를 통해 소리가 울려 퍼지든 상관없다.

옷차림 바꾸기: 운동복이 운동을 시작할 때가 되었다는 신호를 보내듯이, 근무복을 평상복으로 갈아입는 행동은 당신의 직업정신(아니면 완벽주의) 수준을 몇 단계 아래로 떨어뜨린다는 것을 의미한다.

술이 안 들어간 특별한 음료: 와인 잔에 담긴 소다수, 마티니 잔에 담긴 신선한 오이와 물, 집에서 만든 홍차, 아이스티는 어깨 긴장을 풀고 몸을 이완하라는 신호를 준다. 집에 들어와 와인을 따르면 하루 일과가 끝났음을 알려주듯이, 술이 들어가지 않은 특별한 음료도 마찬가지다. 심호흡을 하고 첫 한 모금을 마셔라. 마시면서 정신적으로 긴장을 풀 여유를 준다.

식사 즐기기: 음식은 기쁨이다. 어쩌면 저녁을 맛있게 먹는 일이 힘든 하루 일에 주는 보상이 될 수도 있다. 이렇게 하는 것이 조촐하게 축하를 하고 싶은 자신의 욕구를 만족시키는 일 같으면, 균형 잡힌 식사를 핵심 습관으로 삼아라.

전통 이완 운동: 복식호흡, 심상 요법, 또는 점진적 근육 이완은 곧바로 이완 상태에 이르게 한다. 명상과 마음 챙김 훈련은 심리적으로 유익하며 때로는 긴장을 완화해준다. 찾아보면 무료로 이완 운동을 소개하는 자료가 많은데, 이는 모두 집중력을 강화해서 생리적·심리적 스트레스를 줄이도록 고안된 운동이다. 여기 당신이 시작할 수 있는 몇 가지가 있다.

- 미국 재향 군인회는 '휴식을 위한 호흡법(Breathe2Relax)' '마인드풀코치(Mindfulity Coach)' '씨비티코치(CBT-i Coach)'와 같이 휴식하는 방법을 안내하는 무료 전화 앱을 후원한다.
- UCLA '의식적 자각 연구 센터(Mindful Awareness Research Center)' 웹사이트는 실습을 설명하는 오디오를 비롯한 무료 자료를 제공한다.
- 인사이트 타이머(Insight Timer)는 다양한 운동을 안내해주는 인기 있는 무료 앱이다.

- 헤드스페이스(Headspace)는 10일 동안 10분 무료 명상 프로그램을 안내하는 스마트폰 앱이다.
- 매일 같은 시간에 연습하는 복식호흡 운동은 세 번째 원칙을 참조한다.

모든 사람은 어깨를 축 늘어뜨리거나, 몸의 긴장을 풀어주거나, 안도의 한숨을 쉬는 것을 규칙적인 신호로 받아들인다. 자신의 목표 달성에 성공하고자 준비할 때, 긴장을 푼다고 술과 약물에 빠지지 않기를 바란다. 대신, 단기적으로 자신에게 영양을 공급하고 다음 날로 미루려는 유혹을 꾹꾹 누르면서 휴식을 취해보자.

건강 습관을 관찰하라

이제 당신은 무엇을 핵심 습관으로 삼아야 할지 알았을 것이다. 무엇을 선택할 것인가? 이 두 번째 원칙의 마지막 부분에서는 자신이 변화할 때 어떻게 이 변화를 관찰하는지 알려주는데, 이때 핵심 습관뿐만 아니라 다섯 가지 영역을 모두 관찰하는 게 좋다. 그러면 각 영역이 당신과 어떻게 서로 밀접하게 연관되어 있는지, 그에 따른 도미노 효과가 어떤지를 이해하는 데 도움이 된다.

다음은 일지, 컴퓨터 또는 모든 디지털 기기에서 간단한 서식을 만드는 방법이다. 출판사 웹사이트 (http://www.newharbinger.com/39430)에서도 다운로드할 수 있다.

- 페이지 상단에서, '핵심 습관'(다른 영역에 도미노 효과를 일으킬 가능성이 가장 큰 습관), '신호 설정'(습관 개시)' '목표 행동'(건강한 습관)을 확인한다.
- 그 아래 여섯 개 열과 세 개 행으로 된 격자를 그린다.
- 각 열에 '요일' '수면' '운동' '식사' '재료' '휴식'이라고 적는다.
- 각 행에 '무엇' '언제' '결과'라고 적는다.

밤에 시간을 내서 그날 하루를 검토하고, 다음날을 어떻게 보낼지를 생각하며 이 서식을 채우기 바란다. 이 서식을 작성하는 데 5분도 걸리지 않아야 한다. 그런 다음 다섯 가지 습관 영역 각각에 대해 '무엇' '언제' '결과'를 작성할 준비를 한다. 1주일 내내 이 서식을 작성한다. 다음은 크레이그가 양식을 어떻게 적었는지 보여준다.

예시

- **핵심 습관 영역:** 운동
- **신호 설정:** 퇴근 후 집에 들어가서 운동복으로 갈아입고 간단하게 간식을 먹은 뒤, 문을 나서 YMCA로 간다.
- **목표 행동:** 매주 월요일 오후 6시에 농구를 한다.
- **요일:** 월요일

- **무엇(수면):** 휴식을 취한 다음 곧바로 잠들었다.
- **언제(수면):** 오후 10시에 책을 읽으면서 휴식을 취하고, 밤 11시 취침했다.
- **결과(수면):** 밤새 잠을 잤고 화요일에 알람이 울리자마자 일어날 수 있었다.

- **무엇(운동):** 농구를 했다.
- **언제(운동):** 오후 6시
- **결과(운동):** 집에 돌아왔을 때 평소에 느끼는 LN 상태가 아닌 HP 상태를 느꼈다.

- **무엇(식사):** 저녁 식사 때 배가 고팠고 후식은 정한 양만 먹었다.
- **언제(식사):** 오후 8시
- **결과(식사):** 단 음식이 간절하지 않아 안심했고, 운동을 한 후 저녁을 더 맛있게 먹었다.

- **무엇(약제):** 제시간에 약을 복용함.
- **언제(약제):** 오전 7시 30분.
- **결과(약제):** 가늠이 안 되기는 하지만, 평소 약을 복용하지 않으면 약간 어지러운데 오늘은 분명히 그런 느낌이 없었다.

- **무엇(휴식):** 아직 이것을 통합하지는 않았지만, 깨어서 걱정하는 대신 즉시 잠들었다.
- **언제(휴식):** 공식적으로 아무것도 실천하지 않았다.
- **결과(휴식):** 비록 휴식을 취하지 못했지만, 농구를 하고 나면 마음이 더 평온해진다는 사실을 알게 되었다.

'결과' 행은 꼭 나쁜 결과만 쓰는 게 아니라 좋은 결과와 성공도 포함한다는 점을 주목하자. 행동 측면에서 보면, '결과'라는 용어는 도움 여부와 상관없이 대상 행동에 따른 모든 결과 유형을 나타낸다. 각 행동이 자신의 기분, 자존감, 에너지 등에 어떻게 영향을 미치는지 생각해볼 수 있다. '결과' 행을 보면 크레이그가 농구를 한 후에 자신에게 전형적으로 나타나는 LN보다 더 긍정적이고 더 많은 HP를 느낀다는 점을 알 수 있다. 자신을 위해 결과나 보상을 의도적으로 만들어 낼 수 있다. 예를 들어 핵심 습관이 돈을 절약하기 위해 점심을 집에서 준비하는 일이라면, 주말에 당신에게 생기는 결과는 저축한 돈 일부를 써서 밤에 배우자와 데이트하는 것일 수 있다.

삶을 돌보려면 자신을 챙겨라

우리가 시작한 부분으로 돌아가 확인해보자. 2장은 당신이 자기관리를 할 때 가치 있는 활동에 더 많은 에너지를 쏟을 수 있다는 원칙에 중점을 둔다. 당신은 수면, 운동, 식사, 자신이 섭취하는 약제 감시, 휴식, 이 모든 사항과 관련된 건강한 일상을 만들고 유지함으로써 두 번째 원칙을 행동으로 옮길 수 있다. 이 다섯 가지 영역을 모두 통합하여 체계적으로 짠 한 주간은 질병, 에너지 저하, 미루기 습관이 생길 여지를 줄여줄 뿐만 아니라 HP와 LP를 일시적으로 경험하도록 촉진한다. 다섯 가지 영역 중 한 가지를 습관으로 길러보는 일부터 시작해서, 긍정적인 결과가 미치는 도미노 효과에 주의를 기울일 것을 권한다. 즉 수면을 자연스럽게 조절하면 운동을 쉽게 할 수 있으며, 운동에 집중하면 자연스럽게 더 규칙적으로 수면하게 된다. 필요에 따라 2장의 각 단락을 참조하여 건강한 습관을 확립할 때 날마다 관찰 서식을 사용해보자.

책을 내려놓고 계획을 세우고 그 계획을 조사해서 자취를 따라가 보자. 당신이 앞으로 계속 나아갈 준비가 되면, 세 번째 원칙을 진행하자. 그 원칙은 이 장에서 설명한 방법을 적용할 때 부딪치는 장애물을 찾아내는 데 도움이 된다. 왜냐하면 크레이그처럼 농구를 하러 가고 싶고, 그러기 위한 분명한 계획이 있다고 말해도 매번 그럴 수 있는 것은 아니기 때문이다. 어느 날 밤, 크레이그는 정말 울적한 기분으로 집에 도착해서 그냥 침대로 기어들어가고 싶을지 모른다. 그럴 때에는 곧장 침대로 들어가 자신의 계획을 내던지지 말고 오직 YMCA에 가기 위해 들여야 하는 노력이 뭔지 생각해볼 필요가 있다.

3장에서는 이런 순간을 식별하고 분류한다. 당신은 성공적으로 자기관리 목표를 달성할 수 있다. 피해야 하는 강하고 불가피한 충동을 경험할 때에도 당신은 여전히 목표를 달성할 수 있는가? 어떻게 변명의 희생물이 되지 않을 수 있을까? 당신이 3장에서 습득한 지식은 이 책의 남은 여정을 준비하도록 도와줄 것이다. 따라서 당신은 원하는 것과 실제로 하는 일 사이에 벌어지는 간극을 메우는 여러 가지 가치 주도적 행동을 식별하고 계획을 짜는 능력을 갖추게 될 것이다.

3장

세 번째 원칙:

미루는 버릇을 통제하여 실행력을 높인다

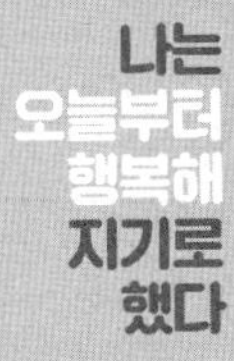
나는
오늘부터
행복해
지기로
했다

경로 이탈을 알리는 방아쇠

자기관리 행동을 규칙적인 일과로 만드는 데 집중했다면 어느 정도 성공을 거두었으리라. 하지만 아무래도 사람인지라 순탄치만은 않았을 것이다. 아침에 일찍 일어나는 대신 알람을 끄고 늦잠을 자버려서 미처 도시락을 준비하지 못했던 적은 없었나? 저녁에 운동을 다녀와 일찍 잠자리에 드는 대신 넷플릭스 드라마를 몇 시간이고 시청한 적은 없었나? 이제 당신은 자신의 행동 유형을 전보다 더 알게 되었을 테고, 자신이 세운 목표에서 멀어지는 유혹이라는 것을 감지하고 선택의 순간을 구분할 준비가 되었다.

선택의 순간은 어떤 활동을 피할 것인지 또는 다가갈 것인지를 결정할 시간이다. 그 순간은 짧을 수도 있고, 오랜 시간이 걸리는 고민의 순간일 수도 있다. 이 선택의 순간을 제대로 이해하려면 감정의 맥락을 파악하는 게 중요하다. 감정은 행동을 유발하고, 감정이 강렬할수록 행동은 빠르게 나타난다.

어떤 상황이 닥쳤을 때 어딘지 모르게 불편하고 심지어 고통스러운 감정까지 들면, 그것은 당장 그 상황에서 빠져나와야 한다는 충동으로 넘어가고 다시는 비슷한 상황에 말려들지 않겠다는 다짐으로 이어진다. 이러한 충동은 정글에서 살아남기 같은 상황에서라면 아주 유용하다. 그런데 문제는 불편한 상황에 놓일 때마다 'Ctrl + Alt + Del 키'(프로그램을 강제 종료시키거나 재부팅할 때 쓰는 키-역자 주)를 누르고 '도망쳐, 도망쳐, 도망쳐!'를 외치게 될 수도 있다는 점이다.

다행스러운 점은 당신에게 이 반응을 유발하는 상황이 예측 가능하다는 것이다. 어떤 상황이 일으키는 반응은 개인에 따라 다르다. 당신을 괴롭히는 어떤 상황이 다른 사람에게는 아무렇지 않을 수도 있다. 하지만 사람들에게 도망치고 싶은 감정을 일으키는 상황은 대체로 유사하다. 그 상황을 '방아쇠'라고 해보자. 어떤 상황이 발생하는 방아쇠를 이해하고 예측 가능해지면 그에 적절히 반응하는 연습을 할 수 있다. 방아쇠의 인식과 더불어 애초에 당신이 방아쇠를 만들고 그에 따라 무엇을 계획할지 예측할 수 있다.

어떻게 타당한 욕구가 문제를 일으키는가

우리가 목표를 외면하게 만드는 가장 흔하고 일상적인 '선택의 순간'을 알기 쉽게 설명하겠다. 밤 10시 12분, 샤워를 마치고 침대에 누워 있다고 상상해보라. 목표는 좋아하는 드라마를 한 편 보고 11시 15분에 자는 일이다. 오늘 하루는 너무 힘들었고, 당신은 고된 하루를 보낸 자신에게 선물 같은 이 시간을 종일 기다렸다. 침실 조명을 어둡게 하고 넷플릭스를 켜서 이어보기를 선택한다. 눈앞에 돈 드레이퍼(미국 드라마 〈매드맨〉의 주인공-역자 주)가 나타난다. 당신은 하루의 긴장을 털어내며 긴 한숨을 쉰 다음 베개에 머리를 파묻고 드라마의 배경인 1960년대의 세계로 빠져든다.

눈 깜빡할 사이에 48분이 지나고 드라마가 끝났다. 바로 이때가 당신의 방아쇠다. 당신은 생각한다. '안 돼! 난 이렇게 끝낼 준비가 안 됐어! 아직 내일을 감당할 준비가 안 됐다고. 빨리 자면 빨리 일어나야 하잖아.' 미약하기는 하지만, 심장이 드라마에 몰입했을 때보다 조금 더 빠르게 뛰고 호흡은 점차 얕아진다. 이제 입꼬리가 조금 처지고 콧잔등에 주름이 잡힌다. HN(강한 감정)이 느껴진다. 이 감정에 이름을 붙인다면 불안이라고 할 수 있다. 두려운 감정이 분명하다.

이 순간에 느끼는 충동은 '이어보기'를 눌러 다음 편을 연달아 봄으로써 불안한 감정을 쫓아버리는 것이다. TV 화면에서는 초읽기가 시작됐다. 아무것도 안 하고 15초만 있으면, 다음 편이 자동으로 시작된다. 당신은 가만히 있을지도 모른다. 그런데 그다음에는 어떻게 될까? 이 선택의 순간에 당신의 행동은?

우선 초읽기가 끝나길 기다린다. 그다음에 버튼을 눌러 전체 화면 모드로 바꾼다. 그리고 '딱 한 편만 더'라고 중얼거리며 드러눕는다. 바로 이 순간이 제시간에 자는 대신 TV를 더 보기로 선택한 순간이며, 선택 가능한 일처럼 보이는 까닭에 결국 목표 행동을 미루고 말게 된다.

이러한 행동은 어떤 결과로 이어질까? 당장 단기적으로 나타나는 효과는 다음과 같다. "그래, 바로 이거야!" 곧바로 마음이 놓이고 즐거워진다. 〈매드맨〉에서 로저 스털링(매드맨에 나오는 인물로 광고 대행사 대표이사로 바람둥이에 애주가-역자 주)은 정말로 매력적이다. 당신은 결국 내일이 오고야 말리라는 사실을 까맣게 잊는다. 기어이 두 번째 편까지 모두 보고 나서야 녹초가 된 몸으로 12시 15분에 잠이 든다. 계획했던 시간보다 한 시간 늦어졌다.

다음 날 아침에는 어떤 결과가 이어질까? 알람 소리에 겨우 눈을 뜨지만 두 번이나 알람을 꺼버렸다가 헉 하고 부리나케 침대에서 뛰어내린다. 천천히 커피를 마시며 잠을 깰 여유 따윈 있을 리 없다. 이미 스트레스는 받을 대로 받았고 시간 맞춰 문을 나섰지만, 또 다른 방아쇠가 발생한다. 밤사이 차에 쌓인 눈을 치워야 한다. 짜증이 솟구치고, HN을 느끼며 압박감이 느껴진다. '뭐 하나 되는 게 없는 날이야!' 결국 기분이 최악인 상태로 직장에 도착한다.

쉽고 흔하게 빠지는 이런 유형의 습관을 이해하려면, TV 시청이 어떤 기능을 하는지 파악해서 당신이 두 번째 드라마를 보는 이유를 살펴보는 일이 도움이 된다.

- 드라마를 시청한 덕에 불안과 걱정을 떨쳤다.
- 열심히 일한 당신은 보상을 원했다.
- 드라마 한 편으로는 욕구를 충족하기가 부족해보였다.
- 계속 느긋하게 LP 상태에 머물고 싶었다.

- 어딘가에 몰두한 상태로 있고 싶었고 그러면 내일을 생각하지 않아도 된다.

이 욕구는 마땅한가? 타당한가? 휴식을 취하고 재충전을 바라는 마음은 지극히 당연하다. 그렇지만 이 욕구에 따라 행동하면 몇 가지 문제가 있다. 당신은 내일의 컨디션보다는 눈앞에 놓인 즐거움을 선택했다. 내일의 자신보다 현재의 자신을 소중히 여긴 행동이다. 드라마를 한 편 더 보면 단기적 관점에서만 유익하다. 또한 당신은 불쾌한 걱정에서 도피해 즐거운 시간을 보냈다. 고된 하루를 고려하면 터무니없는 갈망은 아니지만, 그런 행동은 또 다른 미루기 행동의 여지를 남긴 꼴이 돼버렸다. 이 행동으로 다음 날 아침 제시간에 일어나지 못하고 알람을 끄고 말았으며, 커피를 한 모금 음미하며 또 다른 고된 하루를 준비하면서 좀 더 LP 상태를 느낄 수 있었지만, 오히려 피곤함과 스트레스가 더 심하게 쌓인 상태에서 HN을 느끼며 문을 박차고 나가는 상황에 이르고 말았다.

선택의 순간에 '트랩'을 주목하라

이제 당신에게 자신의 반사적인 충동으로 계획을 물거품으로 만들어버리는 때에 또 다른 방아쇠가 되는 순간을 보여줄 텐데, 이 내용은 3장의 뒷부분에서 알려줄 관찰을 위한 예습이기도 하다. 쉬운 용어와 체계를 사용해서 그러한 순간을 소개할 생각이다. 이는 당신이 일상생활에서 쉽고 빠르게 관찰하는 데 도움을 주며, 본질적으로 트랩(TRAP)을 관찰하는 일이다.

- 방아쇠(**T**rigger)
- 반응(**R**esponse: 사고, 신체 변화, 감정, 충동)
- 행동 패턴(**A**ction **P**attern)
- 결과(Consequence: 단기적 결과와 장기적 결과)

트랩 관찰로 당신은 반사적 감정 반응(R)을 초래하는 방아쇠(T) 상황을 알 수 있다. 그리고 방아쇠(T) 상황과 감정적 반응(R)에 대응하여 자신의 행동 패턴(AP)이 어떤 결과를 초래하는지 평가한다. 트랩 관찰로 당신의 계획을 수포로 만들어버리는 충동이 어떻게 시작됐는지를 알고, 순간적인 결정이 최선의 선택이었는지 평가할 수 있다.

매우 친숙한 트랩 상황을 하나 더 살펴보면서 트랩 관찰이 어떠한 효과가 있는지 설명해보겠다. 오후 6시 10분, 동료들은 이미 퇴근했다. 당신은 7시 15분에 시작하는 스피닝(운동용 자전거 타기-역자 주) 수업에 등록한 게 생각났고, 수업에 늦지 않으려면 20분 이내에 버스에 타야 한다. 그런데 체력이 바닥난 데다 피곤해서 소파에 드러누워 TV나 보고 싶은 마음이 굴뚝같다. 헬스장 홈페이지에 들어간다. 위약금을 내지 않고 등록을 취소할 수 있는 시간이 5분 남았다. 이것이 선택의 순간이다. 다음은 트랩을 판별하는 양식의 작성 방법이다.

방아쇠(Trigger): 일과가 끝났고 나는 몹시 피곤하다. 스피닝 수업에 갈지, 위약금을 내기 전에 등록을 취소해야 할지 결정해야 한다.

감정 반응(HN, LN, HP, LP): LN

내 머리는 뭐라고 하는가? (사고): 도저히 못 갈 것 같다. 오늘은 무리다. 그냥 집에 가서 소파에 눕고 싶다.

나의 몸에는 어떤 변화가 나타나는가? (생리적 현상): 몸이 무겁다. 의자에 앉아 있는데, 이마가 찌푸려지고 깊은 한숨이 나오는 데다 호흡과 심장박동이 모두 계속 느려진다.

이 감정에 내가 동일시할 만한 명칭이 있는가? 나는 지금 LN 상태이고 맥이 좀 풀렸다. 조금 울적한 건지도 모르겠다.

나는 어떻게 하고 싶은가? (행동 충동): 스피닝 등록을 취소하고 싶다. 솔직히 말하면, 집에 갈 때도 택시를 타고 싶다. 버스 정류장까지 걸어가려니 생각만 해도 지친다.

내가 실제로 한 일은 무엇인가? (행동 패턴): 수업을 취소했다. 집에는 버스를 타고 갔다.

즉각적 결과(단기적): 스피닝 수업에 안 나가도 되어서 마음이 놓였다. 버스를 탄 덕에 최소한 택시비는 아껴서 기뻤다. 그렇지만 집으로 가는 길에 두통이 시작되었고, 누구하고도 말하고 싶지 않아서 엄마 전화를 받지 않았다.

전반적 결과(장기적): 과자나 케이크 따위가 먹고 싶다. 운동을 안 하고 넘어가서 죄책감이 든다. 저녁 내내 무기력하다. 선택의 여지없이 앞으로 20여 년을 이렇게 매일 힘들게 일하고 녹초가 돼야 한다고 생각하니 압박감이 느껴진다.

이 사례에 공감하는가? 다시 말하지만, 이 예시는 엄청난 사건이 아니다. 그저 하룻밤 동안, 어느 한순간에, 한 가지를 선택한 일일 뿐이다. '대수롭지 않은' 일로 슬픔도 실망도 그다지 강하지 않다.

3장에서 다루는 사례는 두 번째 원칙에서 말한 핵심 습관을 시행하려고 할 때 맞닥뜨렸던 선택의 순간을 보여준다. 눈을 크게 뜨고 찬찬히 검토해보라. 당신은 매일 어떤 행동을 할 때마다 흔하면서도 어디에나 존재하는 선택의 순간을 마주하게 된다. 그건 네 번째 원칙을 따를 때에도, 다시 말해 긍정적인 경험으로 이끌어줄 다양한 활동을 시작할 때에도 반드시 만나는 순간이다. 심지어 즐거운 순간에도, 목적과 의미가 분명한 순간에도, 선택의 순간은 여전히 수월하게 넘기기 어려울지도 모른다.

이 사례에서 집으로 가는 선택이 타당하고 합리적인가? 그렇다. 당신은 무척 피곤했고, 종일 일했으며, 자신을 너무 몰아붙이고 싶지 않았다. 그렇다면 집으로 가는 선택이 단기적으로 또는 장기적으로 긍정적인 결과를 가져왔는가? 그럴 수도 있고 아닐 수도 있다. 등록을 취소한 직후에는 안도감이 들었다. 전반적으로 만족스러운 밤이었나? 글쎄, 다시 기운을 낼 기회나 두통을 막을 기회는 얻지 못했다. 오히려 자신의 형편없는 기분에 집중하게 되었고, 항상 이런 기분을 느끼게 되리라는 걱정으로 불안해졌다.

행동 패턴과 행동 충동을 구별하라

이번에는 당신의 목표를 수포로 만드는 반사적이고 즉각적인 충동을 조금 더 융통성 있게 다룬다면 어떻게 될지 살펴보자. 행동 충동과 행동 패턴을 구별하는 법을 익히면 얼마든지 그렇게 할 수 있다. 모든 행동 충동을 따를 필요는 없다는 것이 바로 이 문제의 핵심이다.

방아쇠는 거의 반사적인 반응을 이끌어낸다. 즉 몸에 변화가 생기고 여러 가지 생각이 반사적으로 머릿속에 휘몰아친다. 즉각 떠오르는 생각이나 즉각 나타나는 신체 반응에 너무 엄격한 잣대를 댈 필요는 전혀 없다. 손이 땀으로 축축해지거나 얼굴이 새빨개지는가? 이런 감정 반응은 아주 빠르게 일어난다. 그러한 반응에는 각자가 살아온 인생과 세상을 보는 관점, 유전적 영향, 최근에 느낀 감정 상태가 반영되어 있다. 가능한 한 곧바로 통제를 가해야 하는 지점은 반응에 따르는 행동을 선택하는 일이다.

어떤 행동을 취하기 바로 직전에 '일시정지'하는 것이다. 반사적으로 충동을 따르는 게 아니라 일시적으로 멈춰 서서 한걸음 물러나 최선의 결과가 무엇일지 판별하라는 말이다. 충동과 반대로 행동하는 편이 가장 효율적일 때도 있다. 충동에 따라 행동하는 방법도 가끔은 괜찮다. 어느 쪽이든 우리가 이 책에서 주목하는 점은 실제 행동 선택이다.

이제 긴 하루의 끝에서 벌어진 방아쇠 상황, 그러니까 스피닝 수업 등록을 취소하고 싶은 상황으로 돌아가보자. 집에 가서 편히 쉬고 싶다는 행동 충동을 포함해서 모든 것이 동일한 상황에 다른 결말을 끼워 넣는다면? 다른 행동 패턴을 선택한다면 어떻게 될까?

내가 실제로 한 일은 무엇인가? (행동 패턴): 수업 중에 항상 마음을 편히 가질 수 있음을 상기하라. 내가 페달을 얼마나 빨리 돌리는지 아무도 감시하지 않는다. 버스를 타고 체육관으로 가면서 스마트폰으로 신나는 음악을 들었고, 덕분에 엄마 전화를 바로 받았다. 아빠하고 있었던 일을 듣다가 웃음을 터뜨렸다. 체육관에 도착했다. 운동을 했다.

즉각적 결과(단기적): 내 체력을 1에서 10까지로 본다면, 퇴근할 때는 3이었다가 스피닝 수업 중에는 10으로 올라갔고, 수업이 끝나자 8이 되었다. 수업 시간에는 신나는 음악이 나왔다. 당연히 HP다. 땀을 흘려 상쾌했고 아주 허기져서 빨리 제대로 된 음식을 저녁으로 먹어야겠다는 생각이 간절했다.

전반적 결과 (장기적): 저녁을 맛있게 먹고 나자 뿌듯한 기분이 들었다. 에너지 수준은 5로 떨어졌지만, 취업을 준비하는 친구가 생각나 전화해서 면접은 잘 치렀냐고 물어보았다. 생각보다 많이 웃었다. 잘 시간이 되자 피곤했다. LP로 하루를 마감했다.

동일한 방아쇠 상황에서 이렇게 다르게 행동한다고 해서 완전히 새로운 세상이 펼쳐지지는 않는다. 그렇지만 목표했던 일을 미루려는 충동에 반사적으로 따르지 않은 결과로 바뀐 찰나의 순간들을 살펴보자.

목표에 부합해서 행동하면 자기 자신이 목적과 의미 있는 삶의 능동적인 주체가 된 기분이 든다. 나는 당신이 이런 기분을 맛볼 수 있도록 선택의 순간을 분류하는 방법에 초점을 맞출 예정이다. 당신은 행동하기 전에 일시정지해야 한다. 실시간으로 이런 순간을 분류하는 가장 좋은 방법은 관찰을 시작하는 것이다.

미루고 싶은 충동을 유발하는 상황을 관찰하라

〈매드맨〉을 두 편 연달아 보는 일이나 스피닝 수업에 결석하는 행동은 자신의 트랩에 갇힌 사례다. 자신의 트랩에 갇히는 순간을 포착하려면 일상을 관찰해야 한다. 관찰을 많이 할수록 선택의 순간을 많이 포착할 수 있다. 그러면 일시정지할 기회를 잡을 수 있고 행동 충동과 행동 패턴 사이에서 시간을 벌 수 있다. 선택의 순간을 포착하려면 우선 자신의 방아쇠를 꿰뚫어보는 통찰력이 필요하다. 이제 당신의 연속되는 행동을 일상적으로 관찰하는 방법을 소개하겠다. 일지에 기록하거나 뒤에서 설명할 다른 방식을 활용해도 좋다.

이 관찰의 본질은 자신을 가혹하게 대하거나 자기 행동의 옳고 그름을 판별하는 것이 아니다. 일련의 행동이 어떻게 일어났는지 스스로 더 명확히 깨닫는 것이 중요하다. 무엇이 나를 움직이게 하는지, 자기 자신이 어떤 사람인지, 어떤 상황이 자신을 자극하고 행동을 끌어내는지 알게 되면 흥미로울 것이다.

어떻게 관찰할까?

하루 종일 당신은 방아쇠가 되는 상황에 반응한다. 하루에 한 가지 상황을 관찰하는 일이 그 상황에 친숙해지는 좋은 방법일지도 모른다. 궁극적으로 자신의 목표에 가까워지는 행동이 아니라 목표에서 멀어지는 모든 행동을 포착하는 것이다. 이 목표는 엄밀히 말하자면 노력이 필요하고 선택이 가능한 것들을 포함한다. 행동 포착은 뒤에서 시작하든 앞에서 시작하든 상관없다. 중간에서 시작해도 좋다. 출발점은 트랩을 먼저 인지하는 일이고, 이후에는 앞뒤의 상황을 모두 볼 수 있게 된다.

방아쇠(Trigger): 일상에서 방아쇠가 된다고 예상되는 순간이 있는가? 자꾸 되풀이되는 방아쇠가 있다면, 마음 놓고 처음부터 시작해서 상황이 일어나자마자 이어지는 모든 일을 기록해보자.

반응(Response): 특히 계속해서 슬픔이나 불안, 분노, 또는 HN이나 LN 상태로 괴로운 상황이라면, 자신의 감정을 따라가보고 어떤 반응이 어떤 행동으로 이어지는지 파악하면 좋다. 하루 중 감정이 가장 고조되었던 순간을 파악하고, 어떤 상황이 그 감정을 끌어냈는지 파악한다. 그다음에 이어진 행동과 그 일로 나타나는 결과를 기록한다. 당신이 선택한 행동은 이후에 더 많은 방아쇠가 되는 순간을 만들어내는가? 아니면 그 행동이 단기적으로는 당신을 진정시키고 장기적으로는 목표로 향하는 길에 안착하게 하는가?

행동 패턴(Action Pattern): 결과적으로 목표에 부합하지 못했다고 여겨지고 현재 후회하거나 죄책감을 느끼는 행동부터 골라도 좋다. 먼저 그 행동이 무엇이었는지 파악한 뒤, 거기서부터 되짚어서 그 선택에 이르게 한 방아쇠와 감정을 기록한다. 그다음에 후회하는 감정까지 포함해서 그 선택으로 인해 발생한 결과를 서술한다.

결과: 미래의 자신을 희생해서 현재의 자신을 유익하게 한 사실에 주목하자. 거기서부터 되짚어보자.

앞의 과정을 거치면서 온갖 패턴을 살펴보았다. 그렇다면 어떤 특정한 방아쇠가 당신에게 영향을 끼치는지 생각해보자. 특정 방아쇠에 대해 다음을 생각해본다.

- 특정 방아쇠가 당신을 고립시키는가?
- 특정 방아쇠가 당신을 친한 친구에게 전화를 걸게 하는가?
- 특정 방아쇠가 당신을 싸움에 말려들게 하는가?
- 특정 방아쇠가 당신을 감정적으로 따뜻하게 느끼게 하는가?
- 특정 방아쇠가 당신을 절망적이라고 느끼게 하는가?

- 특정 방아쇠가 당신을 늦게까지 잠들지 못하게 하는가?
- 특정 방아쇠가 당신을 술을 너무 많이 마시게 하는가?
- 특정 방아쇠가 당신을 좋은 책을 오래도록 읽게 하는가?

관찰을 하다 보면 비슷한 행동이 어떤 상황에서는 효과적이고 어떤 상황에서는 효과적이지 않은지를 알 수 있다. 자신이 겪은 경험에서 배우고 이런 관찰을 토대로 최선의 방법에 대처할 전략을 개발하는 것이 목표다. 효과적으로 행동하여 교훈을 얻는 기회인 동시에 비효율적으로 행동하여 교훈을 얻는 기회가 될지도 모른다. 어느 경우로 얻은 정보든 다음에 되풀이될 방아쇠 상황에서 유용할 것이다. 원래 방아쇠는 되풀이되는 속성이 있기 때문이다.

언제 관찰해야 할까?

이상적인 상황에서는 사건이 펼쳐지는 즉시 트랩 관찰 서식을 작성하게 된다. 관찰하는 능력은 시간이 갈수록 능숙해진다. 당신이 막 관찰을 시작했을 때에는 너무 기진맥진해서 전날 〈매드맨〉 2편을 본 행동이 트랩이었다는 사실을 오전 11시가 넘어서야 깨달았다. 트랩을 깨달았다면 곧바로 트랩 서식을 꺼내 기록하라. 계속해서 트랩을 추적해가면 트랩 시작 전에 알아챌 수 있게 되어, 〈매드맨〉 2편이 시작된 지 20분 만에 자신이 함정에 빠졌다는 사실을 깨닫는다. 저절로 행동하는 스스로를 포착하고 자신의 행동을 정교한 관점으로 볼 수 있다는 것은 새로운 경험이 되리라.

이런 성장 능력을 키우려면 어떤 행동을 취하기 전에 일시정지해야 한다. 함정에 걸려들었다는 것을 알아차리는 즉시 관찰 일지를 기록한다. 준비가 되지 않았다면 성급히 행동부터 바꿀 필요는 없다. 〈매드맨〉 2편이 시작하기 전에 2분 정도 시간을 들여 트랩 관찰을 기록한 다음에 남은 드라마를 이어서 봐도 된다. 기록을 하려고 잠깐 멈춰 서는 행동만으로도 다음에 이어지는 상황에서 자신의 상태를 더 일찍 발견하는 데 도움이 된다.

만약 관찰하는 일을 까맣게 잊어버렸다면 시간을 정해서 확인하면 관찰을 습관화하는 데 좋다. 초저녁으로 시간을 정하면 하루를 돌아볼 수 있어서 좋다. 조금 더 규칙적인 여건을 만들고 싶으면 회사 점심 시간이나 휴식 시간 직후로 정해도 괜찮다.

시간이 지날수록 관찰 결과를 바탕으로 트랩 관찰을 집중적으로 하는 시간을 조절하고 싶어질 것이다. 하루 중 특히 관찰이 잘

안 되는 시간이 있는가? 이런저런 장소에서 함정에 잘 빠지는 날이 있는가? 특별히 함정을 잘 피해 가는 날은? 상황과 필요에 따라 관찰 횟수나 시각을 달리해 실험해보자.

관찰은 어떤 방법으로 하는 것이 가장 좋은가?

관찰 방법은 여러 가지가 있는데, 나는 환자들을 만날 때 볼펜과 종이를 사용하며 환자들에게 서식을 주고 매일 한 장씩 쓰도록 권한다. 더 편하거나 친숙한 기기를 이용하는 방법도 좋다. 어떤 도구가 쓰기에 가장 편한가? 어떤 도구가 가장 사용하기 쉽고 혼자 관찰하기에도 좋은가? 여기 몇 가지 아이디어가 있다.

- 출판사 홈페이지에서 제공하는 서식을 다운로드 받아 출력한다.
- 작은 수첩을 언제나 가지고 다닌다.
- 색인 카드를 사서 매일 한 장씩 가지고 다닌다. 다 쓴 카드는 한 자리에 모아두고 매일 아침 새로운 카드로 교체한다.
- 취향에 맞는 메모 앱을 이용한다.
- 이메일을 이용한다. 메일에 자신의 트랩 모니터링을 쓰고 임시보관함에 저장해놓는다. 다음에 트랩에 들어가면 이 이메일을 다시 열어 내용을

추가하고 다시 임시보관함에 저장한다.

- 엑셀 파일에 시트를 계속 추가해서 트랩을 기록한다.
- 쓰는 방식보다 말하는 방식이 편하다면 스마트폰에 트랩 내용을 녹음한다. 공공장소에서 한다 해도 주변 사람들은 당신이 통화 중이라고 생각할 것이다. 모니터링 방식으로 녹음을 택했다면 녹음한 내용은 그날이 지나기 전에 받아 적기를 강력히 추천한다. 행동 패턴은 시각적으로 관찰하기가 훨씬 쉽다.

여기서 가장 중요한 점은 정확하게 추적해나가는 일이다. 매주 써온 기록을 모아서 꼼꼼히 살펴보면 자신에 대해 알 수 있다. 특히 스스로 감지한 행동 패턴을 통해 배울 수 있다. 선택의 순간을 포착하는 일에 능숙해지고 조사하고 복습하는 과정을 꾸준히 반복하다 보면 상황에 따라 다르게 대처하는 것이 점점 쉬워질 것이다.

어떻게 그렇게 할 수 있을까? 어떻게 일시정지하고 다르게 행동할 수 있을까? 당신은 관찰을 통해 습득한 인지를 토대로 행동 유연성을 높일 수 있는데, 행동 유연성은 행동을 실제로 옮기기 전에 자신의 의도대로 움직일 수 있는 능력을 말한다.

이제 방아쇠 상황을 저강도 방아쇠와 고강도 방아쇠로 나누어 일시정지하는 요령을 알아보자. 각 상황은 서로 다른 방식으로 접근해야 한다. 특히 슬픔, 분노, 화, 죄책감 따위의 강렬한 감정에 대처하도록 감정 유형별로 각기 다른 맞춤형 아이디어를 제시하겠다.

저강도 방아쇠 상황에 대처하는 법

저강도 방아쇠 상황이란 우리에게 너무도 익숙한 상황이다. TV를 그만 봐야 할까? 체육관에 가야 할까? 저녁으로 건강식을 만들어 먹을 만한 체력이 남아 있을까? 신경 쓰일 내용일지 모르는 이메일을 지금 열어봐야 할까? 전화를 받을까, 그냥 모른 척할까? 정말 맥주 캔을 따야 할까?

자신의 삶에 포함하고 싶은 행동을 회피하거나 벗어나려는 충동이 일 때, 바로 그 순간에 잠시 멈추고 어떻게 행동할지 선택하는 유일하고 가장 좋은 방법은 깊이 호흡하는 것이다. 아주 간단하지만 최고의 방법이다.

깊이 호흡하면 긴장이 완화되는 반응이 나타난다. 그러면 집중해서 생각을 한곳에 모으는 데 도움이 된다. 호흡을 하고 나면 하고 싶은 일과 선택한 일 사이에 틈이 생긴다. 충동을 따르고 싶은 마음이 얼마나 간절하든 다섯 번 정도 숨을 마시고 내쉬는 정도는 허락할 수 있지 않을까?

복식호흡

숨을 깊이 들이쉬고 내쉬는 법을 간단히 소개하겠다. 목표에 부합하는 행동을 하는 데 필요한 일시정지 상태를 의식적으로 만드는 데 도움이 되는 방법이다. 읽으면서 따라 해보자. 평소에 연습을 많이 해두면 꼭 필요한 순간에 쉽게 방법을 떠올릴 수 있다. 이 호흡법은 출판사 홈페이지에서도 다운로드 할 수 있다(http://www.newharbinger.com/39430).

준비: 편안한 자세를 취한다. 의자에 앉아 있다면 발바닥을 바닥에 단단히 딛는다. 눈을 감거나 어딘가를 지그시 응시하며 눈에 긴장을 푼다. 한 손을 가슴에 올려놓고 다른 한 손은 아랫배(배꼽에서 조금 아래)에 올려놓는다.

호흡법: 숨을 깊이 들이마셔 배를 부풀린다. 숨을 깊이 내쉬어 배를 꺼뜨리며 숨을 비운다. 숨을 쉴 때마다 최대한 많이 마시고

많이 내쉰다. 아랫배에 올려놓은 손은 올라갔다가 내려가기를 반복하는 반면, 가슴에 놓인 손은 평평한 상태를 유지해야 한다. 이는 당신이 가슴으로 얕은 숨을 쉬는 게 아니라 복부에서 깊은 숨을 쉬고 있다는 의미다.

호흡 속도: 천천히 숨을 쉰다. 숨을 내쉴 때에는 최대한 천천히, 들이마실 때보다 더 천천히 쉰다. 숨을 쉴 때마다 숫자를 세면 도움이 된다. 나는 들이마실 때에는 다섯을 세고 내쉴 때에는 여섯을 센다. 각자 자기에게 맞는 시간을 찾는 게 좋다. 지금 함께 해보자.

연습: ① 숨을 천천히 들이마시면서 배가 부풀어 오름을 느낀다. 숨을 천천히 내쉬면서 배가 꺼짐을 느낀다. ② 숨을 천천히 들이마시자. 배가 부풀어 오른다. 숨을 천천히 내쉬자. 배가 꺼진다. ③ 숨을 천천히 들이마시자. 배가 부풀어 오른다. 숨을 천천히 내쉬자. 배가 꺼진다. ④ 숨을 천천히 들이마시자. 배가 부풀어 오른다. 숨을 천천히 내쉬자. 배가 꺼진다. ⑤ 숨을 들이마실 준비가 되었다면, 지금껏 했던 중에 가장 길게 숨을 들이마신다. 그런 다음에 숨을 천천히 내쉬면서 배가 꺼지는 상태를 느낀다.

숨을 끝까지 모두 내보낸다. 또다시 숨을 들이마실 준비가 됐다면 눈을 깜빡이며 뜬다.

실제로 연습해보니 어떤가? 어떤 느낌이 드는가? 내 환자들은 "긴장이 풀렸다."라는 답을 주로 했다. 긴장이 풀린 것 같다면 아주 좋은 출발점이다. 조금 더 구체적으로 그것이 무엇을 의미하는지 살펴보자.

긴장이 풀릴 때 어떤 일이 일어나는가? 잡념이 가라앉는다는 사람도 있고 심지어 사라져버린다는 사람도 있다. 스트레스가 몰리는 신체 부위, 예를 들어 관자놀이나 어깨에서 긴장이 완화된다는 사람도 있다. 졸음이 온다거나 힘이 조금 솟는 기분이 든다는 사람도 있다. 잡념을 내려놓기가 굉장히 어렵다면서 호흡을 몇 번 더 하겠다는 사람도 있다. 아래와 같은 응용 상황도 생각해보자.

- 반사적으로 행동을 취하고 싶은 충동을 억누르고 있을 때 호흡법이 어떤 도움이 되는가?
- 긴장하거나 겁을 먹거나 화가 났다면 호흡법이 당신을 어느 정도 진정시켜 얼굴이 빨개지거나 감정적으로 결정을 내리는 상황을 막아줄 수 있지 않을까?

- 슬픔에 빠졌다면, 호흡법이 마음을 달래주어 당신에게 더 우호적이고 도움이 될 결정을 내리는 데 도움을 주지 않을까?
- 압박감을 느끼거나 절망에 빠진다면, 그리고 가장 쉬운 길을 택하고 싶다면, 호흡법이 당신이 하려는 선택을 좀 더 주의 깊게 살피고 인식하도록 도움을 주지 않을까?

호흡과 트랩 관찰 통합하기

본질적 딜레마로 돌아가 호흡법을 생각해보자. 잠을 청할 텐가, 아니면 〈매드맨〉을 한 편 더 볼 텐가? 이 피할 수 없는 방아쇠 상황에 복식호흡을 끼워 넣으면 어떻게 될까?

당신은 지금 침대에 누워 있고 드라마는 한 편이 막 끝났다. 아직 자고 싶지 않다. 자는 일은 곧 내일 반드시 일어나야 한다는 뜻이자 오늘의 일과를 처음부터 반복해야 한다는 뜻이기 때문이다. 당신은 잠시만 더 도망치고 싶다. 다음 편을 준비하는 초읽기가 시작할 때 진짜로 일시정지 버튼을 눌러라. 당신은 이것이 방아쇠가 되는 순간임을 눈치챘고, 따라서 충동에 따라 행동하기 전에 호흡을 해야 한다. 아직은 다음 편이 시작되게 두지 말자. 침대에서 일어나 앉아라. 노트북이나 태블릿이 무릎에 있으면,

잠시 침대 옆 작은 탁자에 치워두어라.

숨을 천천히 들이쉬고 배가 부풀어 오름을 느껴라. 숨을 천천히 내쉬고, 배가 꺼짐을 느껴라.

1. 숨을 천천히 들이쉬자. 배가 부풀어 오른다. 숨을 천천히 내쉬자. 배가 꺼진다.
2. 숨을 천천히 들이쉬자. 배가 부풀어 오른다. 숨을 천천히 내쉬자. 배가 꺼진다.
3. 숨을 들이쉬자 배가 부푼다. 숨을 내쉬자. 배가 꺼진다.
4. 다섯 번째 호흡은 최대한 깊이 들이마셔라. 그런 다음 천천히 들숨을 내쉬고 배가 꺼지는 상태를 느껴라. 몸속의 숨을 모조리 뱉어내었다는 느낌이 들면 눈을 깜빡이며 뜬다.

당신은 이제 막 눈을 떴다. 여전히 침대에 앉아 있다. 여전히 당신은 드라마를 보고 싶다. 호흡은 당신의 욕망에 마법 같은 변화를 가져오지 않는다. 그렇지만 이제 최소한 트랩 관찰법을 떠올릴 시간을 벌었다. 어쩌면 옆에 있는 노트북에 트랩을 기록할지도 모른다. 이 상황을 아래와 같이 정리할 수 있다.

방아쇠(Trigger): 드라마 한 편이 끝났고, 나는 다음 편도 보고 싶다.

감정적 반응(Response): HN, LN, HP, LP 중 HN

나의 머리는 뭐라고 하는가? (사고): 나에게는 그저 내일이라는 현실이 다가올 뿐이고, 내가 해야 할 일은 오직 도망치는 것이다.

내 몸에는 어떤 변화가 나타나는가? (생리적 현상): 심장박동이 조금 빨라졌고 호흡이 조금 얕아졌다. 표정이 찌푸려지고 얼굴에 주름이 진다.

나는 어떻게 하고 싶은가? (행동 충동): 다음 편도 보고 싶다. 나는 충동을 정당화하고 있다. 실은 그렇게 늦지 않았고 나는 기분 좋은 느낌을 느낄 자격이 있는 사람이며, 그러니까 한 편을 더 봐도 된다.

이 감정에 동일시할 만한 명칭은 불안이다. 드라마 한 편을 더 본다고 생각하니 불안이 조금 가라앉는다.

이제 쓰기를 멈추고 찬찬히 생각해볼 시간이다. 어떤 결정을 내릴 것인가? 당신은 지금 선택의 순간에 서 있다. 이제 어떻게 할 텐가?

더 나은 결과로 행동 탐구하기

이제 우리는 저강도 방아쇠 상황을 통과할 마지막 단계에 이르렸다. 이 사례에서 당신은 자신을 길들이고 싶다. 지금 당면한 충동은 욕구를 해소하는 가장 손쉬운 방법, 즉 TV 쇼를 보는 방법이다. 호흡을 해서 상황을 판단하면, 어떤 결과가 나올지 떠올릴 수 있지 않을까? 일반적으로 이런 선택의 순간에는 자신에게 질문을 하는 게 필수적이다.

- 어떤 욕구를 충족하고 싶은가?
- 순간적인 안도감을 누리고자 충동에 따라 행동하면 나중에 어떤 대가를 치르게 되는가?
- 욕구를 인정하는 동시에 이익과 목표와 가치에 가장 부합하는 결정을 내릴 수 있을까?

여기서 다시 사례를 살펴보자. 답하기 전에 일단 몇 번 복식호흡을 하고 선택의 순간을 알아낸 뒤라면 이렇게 답할 수 있을 것이다.

어떤 욕구를 충족하고 싶은가? 휴식, 즐거움, 긴장 완화

순간적인 안도감을 누리고자 충동에 따라 행동하면 나중에 어떤

대가를 치르게 되는가? 다음 날 아침에 더 피곤할 테고, 그래서 일어난 뒤에도 피곤함이 가시지 않거나 아니면 늦잠을 잘 수도 있다. 어떤 경우든 하루를 스트레스 속에서 시작한다. 직장에 가서는 뭔가 일이 뜻대로 풀리지 않으면 짜증을 내거나 중압감을 느낄 가능성도 크다.

욕구를 인정하면서 동시에 이익과 목표와 가치에 가장 부합하는 결정을 내릴 수 있을까? 여기 단기적 욕구와 장기적 욕구를 모두 고려한 균형 잡힌 해결책을 마련하는 데 도움을 주는 몇 가지 아이디어가 있다.

- 좋아하는 노래를 세 곡 정도 선곡해서 침대에 누워 눈을 감고 듣는다. 노래가 다 끝나면 잔다.
- TV에 취침 기능을 설정해 10분이 지나면 자동으로 꺼지게 한다. 남은 부분은 내일 밤에 보면 된다. 남은 부분을 기대하는 마음이 하루를 더 잘 견디게 해줄는지도 모른다.
- 잠들기 직전에 자신에게 내일 뭔가 특별한 보상이 있을 거라고 약속하라. 예를 들어 집에서 커피를 마시는 대신 스타벅스에 간다.
- 책을 한 권 집어 들어 읽다가 졸음이 오면 잔다.

- 함께 침대를 쓰는 배우자가 아직 깨어 있으면, 배우자에게 키스하거나 가볍게 안아줘도 좋다.
- 밤에 긴장을 풀기 위해 마련해두었던 두 번째 원칙의 여러 가지 전략을 활용하라. 몸이 노곤해지면 스르르 잠이 든다.

이 중에서 마음에 드는 전략이 있는가? 하나를 골라 다음 날에 어떤 결과가 나오는지도 알아내보자. 가장 중요한 점은 다음에 또다시 방아쇠 상황에 맞닥뜨렸을 때 이 정보를 이용하는 것이다. 이제 사례의 트랩 관찰로 돌아가 보자. 당신은 침대에 있다. 위에서 제안한 아이디어 중에서 하나를 골라보자. 결과는 다음 날 아침에 기록해도 좋다.

내가 실제로 한 일은 무엇인가? (행동 패턴) 나는 TV를 끈다. 스마트폰에 저장해둔 '자기 전에 듣기 좋은 노래' 목록을 재생한다. 모두 내가 좋아하는 노래로 들을 때마다 지난 휴가가 떠오른다.

이 과정을 모두 종합해보자. 이제 당신에게는 차근차근 실행할 6단계 과정이 생겼다.

1. 선택의 순간에 와 있음을 인지한다.
2. 행동하기 전에 호흡한다.
3. 자신에게 묻는다. 현재의 나를 달래면서도 미래에도 만족할 수 있는 최고의 선택은 무엇인가?
4. 행동을 선택한다.
5. 잠시 뒤, 자기 자신에게 묻는다. 이 행동이 즉각적으로 나에게 어떤 영향을 미쳤는가?
6. 얼마가 지나, 자기 자신에게 묻는다. 그 행동은 장기적으로 볼 때 나에게 어떤 영향을 미쳤는가?

고강도 방아쇠 상황에 대처하는 법

우리는 모두 강렬한 사랑, 끌림, 흥분, 경외, 평화, 기쁨 같은 강렬한 감정 상태를 경험한다. 우리는 이런 순간을 더 많이 만들고 싶어 하는데, 이게 바로 네 번째 원칙의 핵심이다. 여기에서는 강렬한 감정 중에서도 특히 공포와 분노, 슬픔과 상실, 치욕과 죄책감 등 LN과 HN에 해당하는 고통스러운 감정에 맞닥뜨렸을 때 우리가 할 수 있는 일을 다루고자 한다.

인간은 강렬한 감정을 경험하고 대부분 그런 감정 덕분에 안전하고 적절한 방식으로 행동하게 된다. 그런데 아무리 당연한 감정이라 해도 이 감정에 뒤따르는 행동 충동은 장기적으로 볼 때 우리에게 최선이 아닐 때도 있다.

게다가 충동이 강렬한 상황에서는 충동에 반하여 행동하기가 상당히 어렵다. 이 충동이 당신의 계획을 공격하고 무용지물로 만들고 또 방치하게 하는 요인일 경우, 계속해서 충동에 따라 행동하면 부정적인 결과로 이어지게 된다. 더 엄밀히 말하면 LN이나 HN 상태를 더 강렬하게 강화하는 결과를 가져온다. 그러면 방아쇠 상황에 놓이기 전에 세운 계획을 그대로 지키기가 아예 불가능한 일처럼 느껴진다.

극심한 LN이나 HN 상태로 이어지는 방아쇠 상황에서 가장 심각한 문제는 반사적 행동 충동이다. 그 충동에 따른 행동은 당신을 LP나 HP 상태로 나아가게 하지 않고 방아쇠 상황에 갇히게 한다. 이는 강렬한 감정 상태에 놓였을 때, 충동과 효과적인 행동 사이에 놓인 연결고리를 끊기 위해서는 추가적인 연습이 필요하다는 뜻이다.

두 번째 원칙에서 아침형 인간과 저녁형 인간을 나누어 자세히 제안한 바 있다. 여기서도 감정에 상당히 다르게 반응하는 두 유형에 따라 맞춤형 전략을 제안하고자 한다. 두 유형은 감정이 자신의 정신과 육체를 장악한다고 느끼는 유형(감정 과소 통제형)과 감정을 억누르거나 감정을 차단함으로써 감정을 장악하는 유형(감정 과대 통제형)이다. 감정 과소 통제형과 감정 과대 통제형을 개괄적으로 알아보고, 당신이 감정에 대하는 방식에 잘 맞는 유형은 어느 쪽인지 생각해보자. 그다음에 각자 유형을 설명하는 페이지로 가서 당신이 방아쇠 상황에 부딪힐 때 도움이 될 만한 내용에 주목하자. 극도로 감정적인 상황에 빠졌을 때, 책에서 제안하는 전략을 어떻게 활용할지 상상해보라. 그다음 전략을 직접 옮겨 적거나 출판사 홈페이지에서 다운로드받은 문서를 출력해서 손이 잘 닿는 곳에 보관하자. 그러면 강렬한 방아쇠가 유발되었을 때 이 아이디어를 기억하고 활용할 수 있을 것이다.

감정 과소 통제 반응

감정을 과소 통제하는 경우에는 압박감을 "도저히 감당할 수 없다." "견디기 힘들다."고 느끼기 쉽다. 분명히 위기라고 여기면서도 분별 있게 판단하지 못하거나 감정을 회피할 기회가 보이면 거기에 매달릴 수도 있다. 어쩌면 그런 순간에 다음과 같이 행동하는 자신을 발견할지도 모른다.

- 충동적인 행동을 함으로써 기분을 다스리거나 마음을 달랜다. 충동적인 행동을 예로 들자면, 음주, 위안이 되는 음식 먹기, 도박, 쇼핑, 미래에 문제를 일으킬 가능성이 농후한 일에 흥청망청 돈 쓰기, 혼자인 상황을 견딜 수 없어서 정처 없이 떠돌기, 자해하기, 기분 전환용 약제 사용하기, 처방약을 처방과 다른 방법으로 복용하기 등이 있다.
- 친구, 가족, 연인, 동료와 싸움을 벌이거나 상사에게 질책을 받을 수도 있는 말을 아무런 여과 없이 한다.
- 아무나 붙잡고 방아쇠 사건을 끊임없이 늘어놓는다. 이런 '되새김질'은 당신이 문제를 인지하고, 이를 언급은 하지만 해결할 시도는 하지 않으며, "기분이 진정될 때까지 일단 내버려두라."는 말로 거부하는 행동이다.

감정 과대 통제 반응을 개괄적으로 설명하기

감정을 과대 통제하는 경우에는 감정을 무시하다가 결국에는 폭발할지도 모른다고 걱정한다. 격해진 감정을 치워버리거나 깊이 묻어두는 편이 더 안전하다. 자신이 너무 과민하게 반응하고 있다거나 누구도 자신을 이해할 수 없다는 생각에 빠져 당황할 수도 있다. 그래서 누군가에게 자신은 "해서는 안 된다." "할 수 없다." "하지 않겠다."라고 주장한다. 어쩌면 자신의 머릿속에서 일어나는 일들을 이해조차 못하고 있을 수도 있다. 머릿속이 하얗게 변하고 행동이 둔해져서 남은 힘으로 할 수 있는 일은 자신을 어두운 방 안에 감금하는 일뿐이다. 이런 순간에는 다음과 같은 행동을 하는 자신을 발견할지도 모른다.

- 걸려오는 전화 받지 않기, 모임 약속을 모두 취소하기, 자신만의 '동굴'이나 이불 속으로 도피하기, 누군가가 무슨 일이 생겼냐고 물으면 아무 일도 없다고 대답하기, 중독된 사람처럼 TV를 보기 등의 태도를 취하면서 세상 사람들에게 거리를 두거나 등을 돌린다.
- 자신을 탓하고 꾸짖고 비난한다. 자신이 잘못 처신해서 다 망쳤다고 생각한다.
- 우두커니 자리에 앉아서 곱씹는다. 머릿속에서 상황을 반복해서 되돌려본다. 왜 이렇게 기분이 우울한지 되새겨보고, 이렇게 나쁜 기분 때문에 무슨 일이 벌어질지 생각한다. 상황을 바꿀 실제적인 노력은 하지 않고 그저 곱씹어 생각할 뿐이다. 퇴근하고 돌아와 저녁을 준비한다든가 하는 마땅히 해야 할 일은 하지만, 머릿속으로는 계속 같은 생각을 곱씹는다.
- 우두커니 앉아서 걱정한다. 다음번에 통제를 벗어나 생길지도 모르는

나쁜 일들을 죄다 예측해본다. 하루 일과를 해내면서도 속으로는 끊이지 않고 다음에 일어날 일을 생각한다.

다음 단락에서는 방아쇠가 되는 순간에 도움이 될 만한 감정 유형별 맞춤형 전략을 살펴보겠다. 자신이 어느 한쪽의 유형에 해당한다고 생각할 수도 있고, 두 유형에 모두 해당한다고 생각할 수도 있다. 이는 현재 삶의 어떤 시기를 지나느냐에 따라, 어떤 상황에 부딪혔느냐에 따라 달라진다. 유형에 구애받지 말고 삶에 도움이 될 만한 전략이라면 모두 참고하자.

감정 과소 통제형에 도움이 되는 전략

격한 감정에 휩싸이면 압박감에 당황할 수 있다. 이 전략에서는 감정이 그날 혹은 다음 날까지 당신을 얽어매지 못하게 하는 데 중점을 두어야 한다. 진심이 담긴 애정으로, 연민으로 자신의 감정을 달래기 바란다. 자신에게 필요한 여유가 생기면 원래 목표로 돌아갈 수 있기 때문이다. 너무 늦지 않게 LP나 HP 상태로 돌아갈 기회가 생긴다. 이제 당신이 할 법한 생각과 그에 따른 전략을 알아보자.

"이 상황은 절대로 끝나지 않을 거야." 자신에게 이 감정이 일시적이라는 사실을 상기시켜라. 감정이란 처한 상황을 향한 즉각적인 반응이다. 감정은 희미해지고 새로운 감정에 자리를 내어준다. 자신에게 억눌린 감정을 완화할 여유와 시간을 주면(다른 전략들도 참고한다), '감정은 순간적인 느낌이며 당장은 괴롭다 하더라도 결국에는 사라질 대상'이라고 믿는 데 도움이 된다.

"열 받아서 미치겠어. 어떻게 해야 좋을지 모르겠어." 자신의 신체에 일어나는 일에 주목하는 게 목표다. 몸에 나타나는 증상을 써서 확인해보라. 자신을 거센 폭풍우 한가운데에 서 있는 취재기자라고 생각하라. 이것은 기다려온 기회다. 정말로 화가 나면 몸에 어떤 변화가 일어나는지 취재할 기회를 기다려 왔을 테니 말이다.

"온갖 감정이 휘몰아치는 데 가만히 앉아 있으라니, 좋은 방법이 아닌 것 같아." 그래도 해보면 무슨 일이 일어날지 해보는 게 어떨까? 조용한 곳으로 가서 복식호흡을 시도해보면? 다섯 번 복식호흡을 하면서 어떤 기분이 드는지 살펴보면 어떨까? 그리고 또 다시 다섯 번 호흡을 한다면?

"하지만 진정하고 싶지 않아. 내가 옳아!" 당장 분노를 터뜨리고 화를 내는 일도 좋다. 당신 생각은 완벽하게 타당할지도 모르니까 말이다. 이에 대해서는 잠시 뒤에 다시하기로 하고, 지금은 심장박동을 낮추고 깊이 천천히 호흡하는 일을 목표로 하면 어떨까? 자신을 잘 달랠수록 다른 사람들과 더 효과적으로 소통할 수 있다. 그러면 난처한 상황에서 당신 요구를 충족시키기도 더 쉬워진다.

"어떻게 이 기분을 바꿀 수 있을까?" 지금 시도해야 할 전략은 음주, 과도한 쇼핑, 진탕 먹고 마시기와 같이 나중에 불리하게 작용할 수 있는 행동을 피하는 일이다. 이러한 행동이 당장은 도움이 될지 몰라도 당신이 해야 할 목록인 다섯 가지 항목을 성취하고자 할 때 요구되는 능력에 어떤 영향을 미칠지 생각해보자. 그 선택이 다음 날 아침에 일어났을 때 더 큰 스트레스를 가져오지 않을까? 더 심한 HN이나 LN 상태로 밀어 넣지 않을까? 그 스트레스는 또 다른 목표 행동 미루기로 이어지지 않을까? 나는 다른 방식으로 욕구를 채우기를 권한다.

외부 일에만 정신을 집중해보자. 두뇌에서 감정을 관장하는 부위가 이성을 관장하는 부위에 자리를 내어줄 것이다. 나중에 더 큰 스트레스를 받지 않도록 주의를 돌리는 방법은 여러 가지인데 여기에서 몇 가지를 소개한다. 여기서 소개하는 방법은 소모적인 것이 아니라 사고에 먹거리를 제공하는 방법이다. 이때 타이머를 설정하는 게 아주 중요하다.

마음을 진정시키려고 게임을 하거나 영화를 보기로 했다고 치자. 그런데 끝도 없이 게임이나 영화에 빠져든다면 또 다른 문제가 생기게 된다. 쾌락을 만끽하고 싶다면 60분 이내로 타이머를 설정하자. 타이머가 울리면 그때 가서 기분을 다시 평가하자.

- 스도쿠나 십자말풀이와 같은 퀴즈는 생각을 외부로 돌려 전두엽 피질 등 이성적이고 계획적이며 논리적 사고를 담당하는 부분을 활성화하는 데 놀랄 만큼 효과적이다.
- 당신을 웃게 만들고 집중시키는 TV프로그램이 있는가? 기분이 그다지 나쁘지 않을 때 몇 개 찾아두자. 그러면 힘들 때 프로그램을 고르느라 신경 쓸 필요 없이 여차하면 바로 틀 수 있다.
- 적당한 음악에 맞춰 크게 노래를 부른다. 어딘가 비밀스런 장소가 있는가? 지하실도 좋고, 샤워실도 좋고, 차 안도 좋다. 어디라면 큰소리로 노래를 부를 수 있겠는가? 노래에 당신을 맡겨보자.

- 좋아하는 게임을 하는 행동도 도움이 된다. 단지, 타이머만 주의하자. 선택할 수 있는 게임 목록은 끝도 없이 많다.
- 나는 개인적으로 온라인 쇼핑몰에서 쇼핑하는 척하는 방법을 애용한다. 실제로 뭘 사지는 않고 단지 사는 척만 하는 것이다. 그러면서 쇼핑할 때 내려야 하는 수많은 결정에 굉장히 집중한다. 내가 이걸 좋아하나? 다른 옷과 이 옷 색깔이 맞을까? 다른 데서 더 싸게 팔고 있지는 않을까? 나는 만족감을 느끼려고 고른 물건을 장바구니에 담지만, 결국에는 그냥 쇼핑몰 창을 닫는다. 이 방법은 실제로 뭔가를 사지 않아도 된다는 게 핵심이다. 그러니까 자신을 자제할 수 있는 사람만 이 전략을 선택하라. 가전제품이나 신차를 둘러볼 수도 있고, 주택이나 아파트 수리하는 방법을 찾아볼 수도 있고, 무료 전자책을 펼칠 수도 있다.
- 당신의 주의를 돌릴 만한 다른 방법을 활용하라. 만지면 기분이 좋아지는 물건이 있는가? 따뜻한 물로 샤워하면 기분이 좋아지는가? 손톱을 정리하거나 10분 정도 간단하게 마사지를 받으면 어떨까? 취미 삼아 뭔가를 직접 만들어보거나 집을 꾸어보면 어떨까?

실행에 옮기기

앞서 언급한 전략들이 실생활에서 어떻게 쓰일지 시나리오를 하나 살펴보자. 당신은 지금 자동차에 앉아 막 출근하려는 참이다. 그런데 방금 현관문을 나서다가 가족 중 한 사람과 말싸움을 벌인 탓에 화가 머리끝까지 난 상태다. 화가 치밀어 오른 나머지 아침 회의에 늦었고 아예 출근하고 싶지 않은 충동이 밀려온다.

만약 차에 앉아 시동을 걸기 전에 먼저 호흡을 한다면 어떨까? 아니면 라디오를 켜서 노래를 한두 곡 따라 부르고 나서 시동을 건다면? 호흡법대로 호흡하거나 노래를 끝낸 다음에 조금 전에 일었던 충동이 옅어졌는지 확인한다. 충동이 완전히 사라지지는 않았어도 어떻게 하는 게 타당할지 찬찬히 생각해볼 정도는 된다. 정시에 출근하고 싶지 않다는 이탈 충동을 계속 무시할 수 있을까? 이제 감정은 스마트폰의 메모 앱을 실행해 트랩 관찰을 간단히 기록할 정도로 식었다. 그러면 결근하면 무슨 일이 생길지 결과가 명확하게 보인다.

이런 균형감각은 자신이 얼마나 화가 났는지 깨닫게 하고, 방아쇠를 보여주며, 감정이 몸과 마음 양면에 미친 영향을 모두 털어버렸을 때 어떤 느낌인지 알게 해준다. 이제 당신은 앞에서 소개한 전략을 이용해서 행동 계획을 짠다. 좋아하는 노래를 크게 틀어 반복 재생하고 따라 부르면서 출근했다고 하자. 이런 유형의 행동은 다음과 비슷한 효과가 있다. "책상에 앉을 즈음에는 화가 많이 가라앉아서 차분히 집중할 수 있었어요." 또는 "마음 먹은 바를 완수하고 제시간에 출근했다는 점이 뿌듯하네요." 또는 "엘리베이터에서 동료를 만나 정말 중요한 대화를 나눴어요. 지각했더라면 만나지 못했겠죠."

물론 이 전략은 방아쇠 사건을 촉발한 상황을 처음부터 해결하지는 못한다. 다만 그 순간에 합리적인 방법으로 방아쇠를 다루어 이어질 스트레스를 줄이고 추후 더 나은 상황에서 문제를 해결할 수 있도록 감정적 대역폭(임무 수행을 위해 필요한 시간)을 제공한다.

감정 과대 통제형을 위한 전략

감정이 고조된 상황에서 나타나는 또 다른 반응 유형은 감정 과대 통제형이다. 이 선택의 순간, 즉 고조되어 가는 감정을 억누르려고 할 때 어떻게 하면 내부 감정에 공감하며 반응할 수 있을까? 두 가지 핵심 전략이 있다. 첫째, 감정을 어느 정도 자극해서 감정이 당신에게 말하고자 하는 바를 듣고 그것을 통해 배운다. 둘째, 끊임없이 곱씹는 잡념과 상상에서 빠져나온다. 상상은 새로운 기쁨과 휴식을 찾을 수 없도록 방해할 뿐이다. 당신이 떠올릴 법한 생각을 멈추고 새로운 기쁨과 휴식의 원천에 참여할 기회를 당신에게서 빼앗아가는 상상을 그만두어라. 이제 당신이 할 법한 생각과 그 생각을 다룰 전략을 알아보자.

"이런 감정을 경험하면 뭔가 나쁜 일이 생길 거예요." 이렇게 생각하면 자신에게 충분한 확신을 갖지 못한다. 당신은 행동을 통제하는 데 너무 뛰어나다. 당신이 두려워하는 일이 정확히 무엇인지 파악하려고 노력하라. 그런 다음에 살아온 날들을 돌아보라. 어떤 감정을 느낀 뒤에 실제로 그런 일이 일어난 적이 있는지 판단하라. 타이머를 5분 정도로 설정할 것을 추천한다. 자리에 앉아서 당신이 느끼는 감정이 무엇인지 그냥 느껴라. 그리고 자신이 가장 잘할 수 있는 일을 하며 그냥 접어두어라.

"이 감정을 모르겠어요. 그냥 기분이 좋지 않아요." 감정을 이해하기 위해 관찰 서식을 활용해 트랩 관찰을 시도해보라. 몇 분 투자하는 셈치고 그냥 한번 시도해보자. 이어지는 상황을 다 포착하려면 서식이 여러 장 필요할지도 모른다. 트랩 관찰로 어떤 상황이 벌어지는지 짐작할 수 있고, 그 감정이 왜 생기는지 더 깊이 파고들 수 있다. 어쩌면 당신에게는 충족되지 못한 욕구가 있을지 모른다. 아직은 상황을 개선하려고 뭔가를 할 필요는 없다. 그저 혼자 질문하고 듣고 가끔은 쓰기도 하면서 정보를 모아두어라. 이 전략에는 다양한 버전이 있는데, 일기장을 꺼내어 의식이 이끄는 대로 적어나갈 수도 있다.

"마음을 추스를 필요가 있어요. 지금쯤이면 극복해야 하는데…."

당신은 자신이 느끼는 방식을 싫어할지도 모르겠지만, 나는 당신이 느끼는 방식대로 느끼는 것도 상당히 타당하다고 생각한다. 어쩌면 지금이 자신의 타당성을 획득하는 기술을 연마하기에 적합한 때인지도 모른다. 이때 효과적인 연습 몇 가지를 소개한다.

이제 집중해서 한번 연습해보자. 팔짱을 끼지 말고, 다리를 꼬지 말고, 표정을 찌푸리지 마라. 손바닥을 무릎 위에 올리고, 머리를 똑바로 하고, 부드럽게 닫힌 입술을 가볍게 벌리며 반쯤 미소 짓는 연습을 하라.

1. 현재 느끼는 감정을 정확히 나타낼 표현을 찾아서 크게 말하라.
2. 옳고 그름을 판단하지 말고 자신이 한 말을 회상하라. 나는 지금 당신에게 자기 자신과 대화를 나눠보라고 권하고 있다. 그냥 자신이 한 말을

이해한다고 대답하라. 이미 친구들과 많이 해온 일이지 않은가. 예를 들어 친구 하나가 당신에게 "해고당할까 봐 걱정이야."라고 말했다고 치자. 당신은 친구가 해고당할 가능성은 거의 없다고 생각하면서도 우선 이렇게 대답할 것이다. "무슨 말인지 알겠어. 미래에 어떤 일이 생길지 모른다는 건 정말 불안해." 그러니까 똑같이 이해하는 모습을 보여주라. 이번에는 자기 자신의 불안과 고통에 반응할 차례다.

3. 방아쇠와 감정적 반응이 타당한지 되돌아보고 주어진 상황과 당신이 살아온 삶, 당신이 가진 취약점을 고려하라. 모든 것이 마음에 들지 않고, 그렇게 되기를 바라지 않았다고 해도 스스로에게 정직하라. 이제 다시 해고당할까 봐 두려워하는 사례로 돌아가보자. 당신은 자신이 그 사실에 겁을 먹었다고 단정한다. 스스로 "이 방아쇠 상황에 내가 보인 격앙된 반응이 내 대처 유형을 고려할 때 타당한가?"라고 물어보자. 당신이 처한 상황을 고려해 "남편이 전보다 벌이가 좋지 못해서 직장에서 잘해야 한다는 부담감이 있어. 해고될까 봐 전전긍긍하는 게 싫지만, 부담감 때문에 자꾸 최악의 상황을 떠올리게 돼."라고 대답할 수 있다. 아니면 "상사가 좀 보자고 할 때마다 반사적으로 내가 뭘 잘못했나 하고 걱정해. 성급하게 나쁜 결론에 치닫는 게 싫지만, 이제까지 그렇게 살아왔어. 이제 상사가 보내는 이메일에 왜 그렇게 놀라는지 알아."라고 대답할지도 모른다. 연습하다 보면 이처럼 자기 자신에 관한 타당한 진술을 얻게

된다.

4. 자기 행동이 타당하다고 스스로 인정하는 기분이 어떤지를 인지해보라. 설령 그 행동이 마음에 들지 않는다고 해도 말이다. 따뜻함과 공감이 어떤 느낌인지 인지해보라. 감정 훈련 교관이 되지 말고 자신을 부드럽게 대하는 기분이 어떤 느낌인지에 집중해보라.

"가까운 사람들에게 왜 내가 화났는지 말해야 한다는 걸 알아요. 그렇지만 아무도 이해하지 못할 거예요." 개인 사정을 세세히 드러내는 일이 상당히 힘들게 느껴질지도 모른다. 다른 사람들이 내가 이야기한 경험담을 바탕으로 나를 단정 짓는 건 아닐지 불안할지도 모른다. 그런데 지금 당신은 굉장히 중요한 사실을 잊고 있다. 주변 사람들이 당신이 화났다고 짐작은 하지만 그 이유를 전혀 알지 못한다면, 지인들에게는 그것이 바로 트랩 상황이 된다. 당신이 왜 화가 났는지 그 사람들은 고민하기 시작한다.

속마음을 털어놓을 만한 사람이 한 명이라도 있는가? 그 사람에게 가서 당신의 이야기를 들어달라고 했을 때 벌어질 일을 짐작해보라. 상대방은 스스로가 쓸모 있는 사람이 된 기분이 되고 당신과 훨씬 가까워졌다고 여길 것이다. 당신이 약한 모습을 기꺼이 드러냈기 때문이다.

어디까지 이야기할지 한도를 정해두어도 좋다. 예상컨대 주변 사람들이 당신을 위한다며 상황을 좋게만 보려 하거나 해결하기 어려워 보이는 문제를 해결하겠다고 나설 성싶으면, 원하는 바를 처음부터 명확히 이야기하라. 예를 들어 이런 식이다. “이런 이야기를 하는 게 나한테는 쉽지 않지만, 그래도 널 믿고 나한테 무슨 일이 있는지 말해주고 싶어. 그런데 아직 네 의견을 받을 준비는 안 됐어. 먼저 나 혼자 생각을 정리하고 싶거든. 그냥 듣기만 해 줄 수 있어?” 이렇게 말하면 준비가 된 상태에서 유용한 답변을 얻을 수 있고, 타인에게 자신감을 보여주는 연습도 된다. 속으로는 무지 떨리겠지만 말이다.

시간이 흐른 뒤에 결과를 확인해보라. 당신이 생각했던 최악의 일이 현실로 닥쳤는가? 주변 사람들이 당신에게 손가락질하며 바보 같다고 웃고 놀렸는가? 아니면 모두 차근차근 털어놓고 나니 마음이 좀 차분해지면서 결국에는 혼란스러운 머릿속이 깨끗해졌는가? 지인과 더 가까워진 느낌이 들었나? 아마도 당신을 아무 말 없이 꼭 안아주었을 게 분명하다. 그것이야말로 안정과 위안을 주지 않았나? 비록 당신은 허를 찔린 기분이었겠지만 말이다.

"천만에요. 털어놓기는 좀 그래요." 믿을 만한 친구에게 이메일을 보내는 건 어떨까? 선뜻 '보내기'를 누르기가 꺼려진다면, 우선 임시 보관함에 저장해놓고 보낼지 말지는 나중에 결정하라. 삭제하든, 보관함에 보관하든, 보내든 상관없이 메일을 쓰는 행동만으로도 도움이 된다. 특히 친구가 읽을 것을 전제하고 쓰는 거라면 더 그렇다. 당신이라면 어떤 양해의 말로 편지를 시작할 텐가? "네가 나를 어떻게 생각할지 알지만…."

"체력이 바닥났나 봐요. 아무것도 할 수 없어요. 도저히 계획대로는 못 하겠네요." 이 충동은 어떤 행동을 본격적으로 시작할 때 무척 중요하다. 스피닝 수업에 나갈지 말지 고민하는 사례에서 보았듯, 앉아서 고민하는 시간이 길어질수록 기운이 빠지는 시간도 길어진다. 활기찬 기분이 들도록 몸을 예열할 필요가 있다. 바닥으로 내려와 팔굽혀펴기를 열 번만 해보라. 1분간 팔 벌려 뛰기를 해도 좋다. 엎드려 버티기 자세를 최대한 유지해보라. 심장박동이 빨라진다.

일단 가벼운 운동을 하고 나면 머릿속을 파고드는 시나리오를 바꾸는 게 그렇게 어려운 일이 아닌 것처럼 느껴진다. 스피닝 사례에서 그랬듯이 체력에 맞게 자전거 속도를 낮게 설정해도 된다. 거의 모든 상황에서 조금 일찍 자리에서 떠나도 된다는 말로 스스로를 안심시킬 수 있다. 사람들에게 둘러싸여 있을 때, 가령 지하철로 출퇴근하는 상황에서 다른 사람들과 눈이 마주치는 게 불편하다면 책을 한 권 들고 다니면 상황이 더 쉬워지지 않을까?

"그런 전략은 나에게 맞지 않아요. 해야 할 일은 다 제대로 하거든요. 일정에 따라 움직이죠. 아이들에게 저녁을 먹이고, 협력사 행사도 챙겨요. 그렇지만 여기에 나는 없죠. 내가 기껏 생각해 낼 수 있는 거라곤 전부 방금 벌어진 일들이에요." 사실 꼬리를 물고 떠오르는 생각과 마음속에 이는 불안을 떼어내기란 상당히 힘들다. 옳고 그름을 따지는 태도를 버리고 현재에 집중하는 명상요법을 활용해 눈앞에 닥친 순간에 신경을 쏟으면 끈질긴 상념들을 떼어내는 데 도움이 된다. 그런 순간에 명상을 연습하라는 말이 아니다. 삶의 한 방식으로 명상을 염두에 두라는 의미다. 전전긍긍하는 순간이 계속될 때 유용한 요령을 간략히 소개한다.

- 다시 정신을 집중해보자. 기계적으로 움직이지 말아야 한다. 의식적으로 눈앞에 생긴 일에 집중하라. 저녁 식사를 준비하면 어떨까? 갖은 허브 향을 음미하라. 강아지와 산책하면 어떨까? 계절에 따라 다른 아름

다운 자연을 감상하라. 샤워를 하면 어떨까? 몸에 쏟아지는 따뜻한 물의 감촉을 느껴라. 옷을 차려 입으면 어떨까? 천의 질감을 느껴보라.

- 전통적인 명상요법을 훈련하라. 머릿속에 떠오르는 생각을 관찰하는 일이 그중 하나다. 개인적으로 나는 제자리에 앉아서 눈을 감고 새하얀 방을 상상하길 즐긴다. 방에는 문이 두 개 있는데, 둘 다 열려 있다. 나는 몸집이 거대한 시커먼 생각이 한쪽으로 들어와서 다른 쪽 문으로 나간다고 상상한다. 어떤 사람은 뒤엉킨 생각이 냇물을 따라 떠내려가는 광경을 상상하길 좋아한다. 마음속에서 풍선이 팡 터지는 동시에 생각이 맑아진다는 사람도 있다.
- '걱정하는 시간'을 설정해보자. 타이머를 20분으로 맞춰두고 그사이에 떠오르는 모든 잡념, 걱정, 자책 등을 의식의 흐름에 따라 써간다. 20분 모두 사용해야 한다. 같은 말을 계속 반복하는 일로 시작해도 좋다. 할 말이 남았는데 시간이 끝나버릴지도 모른다. 그냥 종이에 대고 다 털어놓아라. 이 시간이 끝나면 얼마나 생각이 또렷해지고 감정적으로 여유가 생겼는지 깨닫고 놀라워하는 사람이 대부분이다.

여기에서 제안한 전략은 모두 마음 상태 전체에 도움이 되는 사항이다. 두려움을 느낄 때 그 감정은 위험하지 않으며 오히려 유용한 정보를 당신의 마음이 알려주는 것이다. 섣불리 행동을 취하는 대신 자리에 가만히 앉아 감정을 느끼면 두려움은 자연스럽게 소멸한다.

이 제안들은 모두 당신이 자신의 감정을 조금 더 따뜻하게 대하도록, 조금 더 자신의 감정에 공감하도록 도와주는 요소다. 당신의 이상적인 자아가 어떻게 반응하길 바라는지와 별개로, 남들을 자연스럽게 대하듯 자신에게도 이해의 폭을 넓히면 어떨까?

지금 감정이 너무 고조되어 있어. 잠깐 여유를 가지고 이 감정이 나한테 뭘 말하고 싶은지 들어보자. 나를 이렇게까지 화나게 한 방아쇠는 뭘까? 어떻게 하면 이 반응을 미래의 결정을 내리는 데 유용한 정보로 쓸 수 있을까?

자신의 마음을 이해한 다음에 필요하다면 감정과 함께 끊임없이 떠오르는 생각과 심상에서 잠시 벗어나라. 그러면 삶에 주체가 되어 참여하는 능력을 빼앗기지 않는다. 아무도 수동적인 삶을 살고 싶어 하지 않는다. 이제 멋대로 반응하는 과민한 마음을 차단할 전략을 몇 가지 보여주겠다.

방아쇠를 효과적으로 다루면 행복과 가까워진다

3장은 자신의 행동을 이해하는 가장 좋은 방법 중 하나에 주목하는 내용으로 시작했다. 즉 한 걸음 물러선 후 어떤 감정적 맥락에서 어떤 행동을 하는지 관찰하는 방법이다. 감정은 때로 강렬해서 가끔은 저항할 수 없을 정도로 압도적이다. 때로는 너무 강압적이어서 무의식적으로 행동할 수밖에 없는 것처럼 보이기도 한다. 그러므로 한 걸음 물러서서 즉각적인 충동을 관찰하고, 행동하기 앞서 선택의 순간을 인식하는 일이 중요하다.

3장에서는 너무 일상적이어서 지나치기 쉬운 감정적 상황에 대처하는 여러 가지 전략을 제시했다. 나는 그러한 일상적인 순간에 삶의 모습을 그려내는 선택의 순간이 숨어 있다고 생각한다. 또 강렬하고 고통스러운 감정을 불러일으키는 상황에 대처하는 전략도 알아보았다. 나는 당신이 인생의 크고 작은 모든 순간에서 자신을 따뜻하게 바라보는 관찰자가 되길 바란다.

누구도 매번 완벽한 선택을 할 수는 없다. 우리는 자각하고 실험하고 실수하는 과정을 거쳐 시시각각 변하는 상황 속에서 자신의 이익과 목표에 부합하는 방식으로 대응할 수 있다는 자신감을 얻는다. 피할 수 없는 방아쇠를 다루는 능력을 개발하는 일은 성취 가능성을 최대로 끌어올리는 발판을 마련하는 행동이다.

해고당할까 봐 두려워한다는 사실을 인지했을 때, 출근길에 영화음악을 큰 소리로 따라 부르면서 어떻게든 제시간에 출근한다면, 당신이 원하는 안정된 삶으로 한 발짝 나아가는 기회를 자신에게 선사한 셈이다. 외로움을 느끼며 기진맥진한 상태로 침대에 누워만 있고 싶다면 이에 대응하여 자리에서 일어나 팔굽혀펴기를 하고 엎드려 버티기 자세를 유지할 수 있다. 아니면 친구가 주최하는 파티에 참석하여 45분만 있어 보고 그다음에 다시 기분이 어떤지 생각하자고 자신을 다독여본다. 피할 수 없는 방아쇠에 적절하게 대응하면 삶에서 추구하는 사회적 관계, 유대 관계, 행복으로 향하는 길로 계속 나아가는 기회가 생긴다.

트랩에 맞닥뜨릴 때마다 각각의 트랩을 추적해보라. 효과가 있는 전략은 모두 기록해두어라. 자기관리 행동과 트랩 관찰을 병행하기를 바란다. 그러면 두 번째 원칙에서 익혔던 핵심 습관을 계속해서 강화하는 데 도움이 된다. 두 번째 원칙을 잠깐 보류했거나 핵심 습관을 강화하고자 이런 전략이 필요하다면, 바로 지금이 이 책을 내려놓고 지금까지 익힌 내용을 바탕으로 1~2주간 실습에 나서기에 딱 알맞은 때다.

당신은 2장과 3장을 참고해 자기관리와 방아쇠에 대처하는 법을 통해 미루려고 하는 마음속 장애물을 예상하고 제거할 수 있다. 배고파 죽을 지경인데 헬스장에 가려는 사람이 있을까? 불안을 다루는 방법을 모르고 "그래서 어쨌다고? 난 어차피 해고될

거야."라고 말하면서 목표 실적을 초과하는 사람이 있을까? 계속 해서 계획을 세우고 자기관리 습관을 관찰하라. 그러면 미루고 싶은 충동의 희생자가 되어 계획을 져버릴 때마다 그에 해당하는 트랩을 추적할 수 있다.

자신의 욕구와 목표를 소중히 하는 건전한 방법으로 트랩에 대처하고 관찰하여 트랩을 잘 이해한다고 생각할 때, 네 번째 원칙이 도움이 된다. 부가적인 가치 주도적 목표를 알아내고 목표를 이루기 위해 일관되게 노력하도록 도와준다. 당신은 만족스러운 선택을 할 수 있고, 삶에 존재하는 보상을 끌어냄으로써 LP와 HP 순간을 늘릴 수 있다. 이는 매일 일정을 세우고 성취하고 싶은 또 다른 목표를 찾음으로써 가능한 일이다. 나는 당신이 자신의 가치관을 활용하여 의미 있는 일정을 세우고, 더불어 중요한 일을 반드시 이행하도록 미세한 순간들조차 찾을 수 있게 도울 것이다.

4장

네 번째 원칙:

일정을 꽉 채워 실행력을 높인다

나는
오늘부터
행복해
지기로
했다

자기관리 및 트랩 전략을 일정에 넣는다

자신의 생산성을 높이고 싶을 때 달력에 적어둔 계획대로 활동하면 더욱 잘할 수 있다. 해야 할 일이 적으면 적을수록 더 적게 일하는 반면, 바쁘면 바쁠수록 더 능률적이고 생산적이 되는 게 보편적인 진리다. 4장에서는 자신의 가치관을 토대로 일일 계획표에 넣고 싶은 활동을 추가로 생각해내는 데 도움이 되는 내용이다. 그리고 이후에 계획하고 찾아내는 기술, 활동에 착수해서 완수하는 기술도 다루고 있다.

이 원칙을 당장 실행하기 위해 먼저 두 번째 원칙과 세 번째 원칙 중 자신에게 도움이 되는 행동에 집중하기를 바란다. 이러한 질문들에 어떻게 대답해야 할지 단서를 찾으려면 앞서 나온 관찰 서식을 살펴보면 된다. 크레이그를 기억하는가? 그가 처한 상황을 예로 들어 설명해보겠다.

이미 시작한 자기관리 습관의 결과에서 무엇을 배웠나?

크레이그는 운동과 관련된 자신의 핵심 습관에 열중할 때, 매일 운동을 하면 기분이 더 좋아지고 더 사교적으로 교감하며 걱정도 덜 한다는 사실을 알았다. 특히 농구팀에 들어가는 게 일정에 맞춰 운동하기에 좋은 방법임을 알았다. 게다가 농구를 하는 밤에는 집으로 돌아가 균형 잡힌 저녁 식사를 하거나 정해진 취침시간에 잠을 자는 등 부가적 건강 습관을 지키는 데 용이하다는 사실을 알았다.

일시정지 후 자신의 방아쇠를 찾으며 배운 점은 무엇인가?

크레이그는 트랩 관찰을 한 결과, 산재한 불안한 생각과 감정을 자세히 살펴보기 위해 20분간 걱정할 시간을 따로 준비하면 실제로 더 집중하고 생산적이 된다는 사실을 알았다. 또 차로 출근하는 동안 라디오 토론 프로그램을 틀어놓지만, 가는 내내 프로그램을 듣는 대신 교통 혼잡 때문에 투덜거리거나 이따가 해야 할 일을 떠올리며 생각에 잠긴다는 것을 알았다. 결국 그 두 가지 행동으로 기분이 나빠지고 스트레스를 받았다. 크레이그는 해결책을 찾았고 자신이 토론 프로그램보다 음악 듣기를 더 좋아한다는 점을 알게 되었다. 출근하는 동안 음악을 듣자 생각에 집중할 수 있었고 매일 출근길이 편안해졌다.

LP와 HP의 경험을 조성하도록 어떤 행동을 구축하고 싶은가?

크레이그에게 운동과 균형 잡힌 식단과 수면은 모두 자기관리 습관으로, 전형적인 평일 밤에 LN에서 HP와 LP 상태로 이동하는 데 기여하는 습관들이다. 게다가 사전에 정한 걱정하는 시간과 출근 운전 중에 듣는 음악으로, LP와 HP를 촉진할 전략을 배웠고 LN 틀 밖으로 나갈 수 있게 되었다.

일일 계획표를 활용하라

이제 자신이 수행하고 싶은 활동을 알게 되었고, 이 유익한 행동을 일일 일정표에 짜 넣을 때다. 이 일정표는 각 활동이 주는 효과와 감정적 영향에 집중하는 방법을 알려줄 것이다. 칸이 나뉜 표를 이용하는 게 좋다.

- 계획한 활동
- 실제 활동
- 트랩이 계획한 활동에 방해가 되었나? (그렇다 / 아니다)
- 활동 중 감정은? (긍정적 / 부정적)
- 활동 중 감정 자극은? (높다 / 낮다)
- 나는 이 활동을 무엇 때문에 했는가? (오락 삼아 / 기능 위주 / 다른 일을 피하려고)
- 실제 활동이 나의 가치관과 일치했는가? (그렇다 / 아니다)
- 실제 활동이 사교적이었나? (그렇다 / 아니다)

다음은 일일 계획표를 사용하는 방법이다.

1단계: 전날 밤에 다음날을 위해 계획한 각 활동을 적어놓자. '너무 사소해서 계획할 게 없는 활동은 없다'는 점을 기억하라. 아침에 일어나면 자신의 목표에 걸맞게 일정표를 확인하자.

2단계: 일정을 짠 시간 이후에는 자신이 실제로 한 활동을 기록하라. 예를 들어 오후 8시에 내일 먹을 도시락을 만들었는지, 위키피디아 홈페이지를 마구잡이로 훑어보고 있었는지를 말이다. 실제 한 일이 당신이 계획한 일일 때도 있고 아닐 때도 있을 것이다.

3단계: 자신에게 트랩이 계획한 활동에 방해가 되었는지 물어보라. 만일 자신의 계획을 완수했으면, '아니다'라고 답한다. 일이 생겨서 계획에서 벗어났고 자신의 계획을 합리적으로 수정했다면 '아니다'라고 답한다. 세 번째 원칙에서 논의했던 회피 패턴이 발생하여 예외적으로 계획이 어긋났다면, 가령 당신이 심하게 LN을 느껴 예정된 계획 시간에 가족에게 전화를 하지 않았다면 '그렇다'라고 답한다.

4단계: 실제 활동이 보여준 감정적 영향을 생각해보라. 긍정적 감정 가치이면 P를 쓰고 부정적 감정 가치이면 N을 써라. 높은 생리적 감정 강도이면 H를, 낮은 생리적 감정 강도이면 L을 그다음 칸에 써라. 이 일을 하면 자신의 행동 선택이 감정 상태에 어떤 영향을 미치는지 집중하게 된다. 이런 기록을 실제 행동이 발생하자마자 바로 하면 더 도움이 될 뿐 아니라 관찰이 정확해지며 자신의 경험을 통해 더 많이 배우게 된다. 어떤 활동을 선택해서 시작했든, 계획을 했든 하지 않았든지 간에 그 감정이 미치는 영향을 기호로 표시해야 한다는 점을 명심하자.

5단계: 활동의 기능성을 확인하자. 즉 어떤 목적을 이루는 데 도움이 되는지 확인해야 한다. 만일 기분 좋게 그 활동을 취하기로 했다면 P(pleasure, 기쁨)라고 적는다. 목표 달성을 위해 활동했다면 F(functional, 기능적)라고 적는다. 만일 하지 않았거나 미루었다면 A(avoid, 회피)라고 적는다. 활동은 다양한 기능을 가질 수 있다. 저녁을 준비하는 일이 즐겁고 기능적일 수 있는 것처럼 말이다. 활동이 같은데 시간이 다르면 다른 기능을 가질 수 있다. TV를 보는 일이 계획된 휴식(P)일 때도 있고 미루기(A)일 때도 있다.

6단계: 그 활동이 자신의 가치관과 일치하는지 아닌지 결정하자. 첫 번째 원칙에서 확인한 자신의 상위 세 가지 가치관을 기억해보자. 이 활동이 자신의 기본원칙과 일치하는가? 지금 삶의 단계에서 당신은 어떻게 행동하고 어떻게 성장하기를 원하는가? '그렇다' 또는 '아니다'로 기록하자.

7단계: 이 활동이 사교적인지 아닌지 기록하자. 당신은 '사교'적인 활동이 자신에게 어떤 의미인지 정의할 수 있다. 예를 들어 어떤 사람들에게는 식료품을 사는 일이 사교적인 활동인데, 왜냐하면 사람들이 있는 곳에서 하는 일이며 낯선 사람들과 간단한 대화를 나누기 때문이다. 또 어떤 사람들에게는 친구들과 함께 식료품을 사러 가지 않는 한 이 일은 전혀 사교적인 활동이 아니다.

자신의 활동이 사교적인지 아닌지 평가하는 방법에는 옳고 그름이 없다. 그저 자신의 대답이 일관성이 있는지가 중요하다. 혼자 있거나 다른 사람들과 있을 때 자신의 감정 경험에 호기심을 자극할 수 있기 때문에 이러한 구분은 도움이 된다. 어떤 대화가 당신을 행복하게 만들고, 또 지치게 만드는지 알아내는 데에도 좋다.

당장 시작하자. 내일을 위해 디지털 기기, 앱, 소프트웨어를 이용해서 깔끔한 서식을 만들자. 줄 맞춰서 활동 계획을 짜자. 계획은 며칠 앞서서 편하게 세우자. 내일 아침, 일정을 참조하고 필요에 따라 조정하고 하루 종일 활동할 때마다 확인하자. 되도록 실제 일어난 일과 시간에 맞춰서 남은 칸을 완성하면, 이 데이터를 더욱 의미 있게 사용할 수 있을 것이다.

두 번째와 세 번째 원칙을 적용해서 더욱 자연스럽게 일상을 관찰하는 데 도움이 되었기를 바란다. 이 서식을 작성하는 게 신경 쓰여서 어찌할 바를 모르겠다거나, 일단 시작은 했는데 하루 종일 서식을 완성하느라 곤욕이었다면, 매일 세 번 시간을 정해 일정표를 활용해보자.

- **아침:** 그 날 하루를 위해 세운 계획을 확인하고 조정하며 전날 밤에 채우지 못한 칸을 채우자.
- **한낮이나 점심시간:** 아침에 실제 일어난 일을 약자로 기록하자.
- **초저녁:** 오후에 실제 일어난 일을 약자로 기록하고 다음 날을 계획하자.

두 번째 원칙이나 세 번째 원칙을 통해 자신이 좋아하는 행동을 찾아 일일 계획표와 통합해보자. 그러면 당신에게 도움이 되는 일이 무엇인지, 여전히 고치고 싶은 일이 무엇인지 알게 될 것이다. 그다음에는 당신이 자신의 일정에 추가로 계획해 넣고 싶은 일이 무엇인지 알아내도록 도울 것이다. 하루 24시간이 가치 중심 행동으로 채워지면 더 많은 LP와 HP의 순간이 생기고, 이 하루는 계획이 없는 하루보다 훨씬 생산성이 높은 날이 된다.

이제 책을 내려놓고 일정을 이용해서 데이터를 수집할 적절한 시간이다. 일주일 정도 데이터를 추적하면, 자신의 유형에서 배우기 시작하고, 무엇이 자신에게 도움이 되는지 그리고 어디서 전략적으로 목표를 정할지 알 수 있다.

나의 유형 찾기

자신의 유형을 알아내는 방법을 알려주기 전에 쉴라를 소개한다. 쉴라는 밤에 혼자 있을 때 안 좋은 기분을 느꼈다. 일주일 동안 문제를 찾아본 후에 쉴라는 자신이 정말 생기발랄해지는 시간이 월요일 밤이며 독서모임에 갔을 때라는 사실을 알았다. 월요일 밤 자신의 기분과 집에서 저녁을 먹고 TV를 보는 다른 날 밤 기분과 비교해보았더니 뚜렷하게 차이가 났다.

쉴라는 자신의 데이터를 통해 무엇을 알았을까? 쉴라는 자신에게는 더 많은 사회적 교감, 재미, 지적 자극이 필요하다는 사실을 알게 됐다. 하지만 독서모임은 한 달에 한 번뿐이었다. 이 정보로 쉴라는 다른 날 밤에도 비슷한 자극을 받을 수 있도록 창의적인 일을 생각해봤다. 쉴라는 이제 자신이 찾는 게 무엇이고, 언제 계획을 세울지를 더 잘 알게 되었다.

자신의 모습이 실체를 드러냄을 느꼈는가? 특정 활동이나 사회적 상황이 당신을 밝게 해주는 반면, 어떤 활동은 당신을 괴롭게 한다. 아래에 나오는 질문을 읽고 일지나 서식에 답을 써보자.

- 당신이 상처받기 쉬운 활동은 무엇인가? 다시 말해 어떤 일을 하면 보통 때보다 기운이 빠지는 느낌이 드는가?
- 당신에게 행복을 주는 활동은 무엇인가? 즉 어떤 일을 하면 보통 때보다 기분이 좋아지는가?

당신은 언제 약해지는가? 일정에 큰 틈이 있을 때, 하루 중 특정한 시간, 특정 활동을 할 때일 것이다. 우울한 기분을 일으키는 일이 무엇인지 주목하라. 이 순간은 당신이 트랩에 갇혀 꼼짝 못하고 계획을 잊어버리는 때다. 쉴라는 하루 중 자신이 가장 약한 때가 저녁이라는 사실을 알고는 새로운 활동을 끼워 넣고 싶었다. 자신이 생각한 새로운 목표를 언제 일정에 추가할지 생각했다. 쉴라는 최근 일정을 관찰하여 자신이 시작하고 싶은 새로운 목표에 대한 전략을 세울 좋은 기회를 잡았다. 이제 쉴라는 사교적으로 교감하고, 지적으로 자극받으며, 집 밖으로 나가는 기회를 더 많이 갖고 싶어졌다.

샘의 상황은 일정에서 유형을 찾는 방법을 알려주는 다른 사례다. 샘은 주말이 특히 견디기 힘들다는 사실을 알았고, 관찰을 통해 자신의 주말 일정에 큰 공백이 있다는 사실도 알았다. 이 공백 기간에 샘이 주로 하는 일은 인터넷으로 ESPN을 검색하는 일이다. 샘은 평일 아침 사무실에 있는 자신을 P로 표시한 반면, 주말 아침에는 N으로 표시한 사실을 발견하고는 깜짝 놀랐다. 자신이 알아낸 바로는 이는 직관적이지 않은 유형이었다. 왜냐하면 아파트에서 지낸 여가시간이 자신에게 도움이 된다고 가정했기 때문이었다. 이렇게 얻은 통찰력으로 샘은 몇 개의 점들을 연결할 수 있었다. 평일 아침에는 출근해야 한다는 책임감을 느끼기 때문에 정해진 시간에 일어나 출근하는 일이 만족감을 준다. 주말에는 이런 체계 없이 기기만 만지작거리며 너무도 비효율적으로 시간을 보낸다.

이 정보로 샘은 주말에 할 활동을 먼저 표시하는 게 더 낫다는 사실과 책임감을 느낄 때 행동할 가능성이 크다는 사실도 알게 되었다. 샘은 자신의 가치관 목록을 활용해서 어떤 활동을 하면 주말 시간을 가장 잘 보낼 수 있는지 알아냈다. 샘은 스스로에게 "내가 찾는 성취감은 어떤 유형인 걸까? 나는 지역 사회에 기여하고 싶은가? 가족과 시간을 보내고, 건강을 위해 열심히 운동하고, 새로운 일들을 배우고 싶어 하는가?"라고 질문했다. 독특한 가치관은 자신의 활동 선택이 어떤 것일지 알려준다. 샘은 이 활동을 주말 몇 시쯤에 구성하면 LN에 대한 취약성을 줄이고 대신 사무실 밖에서 HP와 LP를 경험하며 시간을 더 보낼지 분명히 알게 되었다.

당신은 어떤 유형에 주목하는가?

자신의 일지나 서식을 사용해 다음 질문에 순서대로 대답해보자.

- 일주일 중에 가장 약해지는 시간이나 요일은 언제인가?
- 나는 어떤 활동을 덜 하고 싶은가?
- 이 활동이 내 가치관과 일치하는가?

- 나는 어떤 활동을 더 많이 하고 싶은가?
- 이 활동이 내 가치관과 일치하는가?
- 이 활동을 일정에 넣는 현실적인 시기는 언제인가?
- 이런 활동들이 나에게 가장 많은 이득이 되는 때는 언제인가?

이 질문들로 현재 자신의 유형이 유용한지에 대한 통찰력을 얻을 수 있다. 또한 이 질문들은 새로운 목표 기반 활동을 계획할 최적의 날짜와 시간을 알려준다. 이러한 통찰력을 바탕으로 일일 일정표로 진행 과정을 개선하면 몇 가지 묘안을 짜낼 준비를 갖출 수 있다. 다음 단락은 당신을 고정관념에서 벗어나게 하고 당신의 기분과 동기부여에 지속적으로 도움이 되는 활동 선택이 되도록 다양한 영역을 보여준다.

이루고 싶은 활동에 대해 영감을 얻을 수 있다

여기서 제안한 방법으로 자신의 일정에 추가하고 싶은 활동이 무엇인지 영감을 얻을 수 있다. 향후 6개월에서 12개월간 자신의 최우선 가치관에 딱 맞는 활동을 우선적으로 선택해보자. 그래서 첫 번째 원칙에서 확인한 가치관을 검토하고 그 점을 유념해서

4장을 읽어보기 바란다.

장점을 살리고 흥미를 발휘하라

타고난 장점과 흥미를 발휘할 가치 있는 활동을 선택하면, 그러한 활동을 추구하는 데 노력을 기울이게 되어 시간이 지남에 따라 시행할 가능성이 확고해진다. 어떤 사람들은 한 번에 여러 시간 동안 뜨개질을 하거나 목공예를 하거나 악기를 연주할 것이다. 하지만 음악가는 뜨개질을 싫어하고 뜨개질하는 사람은 목공예를 싫어할 것이다. 폭넓은 지식과 교양을 지니고 많은 일과 흥밋거리를 즐기면 그 일에 탁월해질 것이다.

다음은 당신이 지니고 있을지 모르는 타고난 강점과 긍정적인 특징의 예다. 다음에 나오는 어떤 문항이 당신에게 적용되는지 확인하라. 적용되는 특징이 있으면 기록하거나 서식에 동그라미로 표시해보자. 자신에게만 해당되는 내용이 있다면 아래 목록에 어떤 사항도 추가할 수 있다. 당신이 목록을 다 보고 나면, 동기부여가 되는 활동을 표로 만들어 확인할 수 있다. 우선 목록에서 당신의 특징에 해당하는 내용을 표시해보자.

물건을 고칠 수 있다.	관대하다.
예술적이다.	결정을 잘 내린다.
운동을 잘한다.	문제 해결을 잘한다.
다른 사람들의 건강을 걱정한다.	열심히 일한다.
시종일관 친절하다.	충실하다.
창의적이다.	겸손하다.
에너지가 넘친다.	타고난 지도자다.
열정적이다.	사람들에게 타고난 멘토 역할을 한다.
도덕적이다.	미래에 낙관적이다.
재정에 정통하다.	정리를 잘한다.
집중을 잘한다.	다른 사람들을 편안하게 한다.
너그럽다.	신뢰가 간다.
친근하다.	다른 사람을 존중한다.
함께 있으면 즐겁다.	자신을 잘 통제한다.
웃긴다.	합리적이다.

이제 자신의 흥미와 장점을 합쳐서 당신이 즐기거나 기분 좋아지는 활동을 알 수 있다. 다음 예시 표는 그러한 과정이 어떻게 이루어지는지 보여준다. 예시 표를 참고해서 자신의 일지나 서식에 표를 적어보자.

흥밋거리	타고난 장점과 긍정적 특징	새로운 목표 활동
요리하는 것을 좋아한다.	창의적이다.	새로운 요리법을 개발한다.
글쓰기를 좋아한다.	다른 사람의 행복을 염려한다.	병원에 입원한 아이들에게 편지를 보내거나 친구들과 가족들에게 이메일을 보내 잘 지내는지 알아본다.
동물 애호가다.	체격이 좋다.	애완견과 같이 조깅을 한다.

바로 이 순간을 즐기는 활동을 찾자

어떤 활동은 당신에게 즐길 기회나 몰입할 기회를 준다. 그렇게 함으로써 당신은 호기심 넘치고 유연한 태도로 지금 이 순간을 즐길 수 있다. 자신이 활동의 요구 조건과 완전히 융합되는 순간을 생각해보자. 당신은 언제 창의성과 기민함과 완벽한 집중을 경험하는가? 마음속으로 과거에 있었던 사건을 떠올리거나 미래에 무슨 일이 생길지 상상하지 않고 곧바로 눈앞에 있는 일에 빠져드는 때는 언제인가? 이런 식으로 당신을 바로 이 순간에 집중하게 하는 활동을 나열해보자.

자신을 이 순간에 집중하게 하는 활동을 장려할 생각이라면, 일상을 관찰해서 상반된 일이 일어나는 순간, 산만함과 강박과 회피의 희생물이 되는 순간을 기록해보자. 예를 들어 회사에서 집으로 통근하는 동안을 생각해보자.

- 라디오 노랫소리에 맞춰 열창하는가(HP)?
- 공영 라디오 방송이나 오디오북에 지적 자극을 받는가(LP)?
- 하워드 스턴(배우 겸 DJ)의 말에 웃음을 터뜨리는가(HP)?
- 오후 회의에서 일어난 일을 그대로 반복하는가(LN)?
- 자신의 할 일 목록에 남은 일을 걱정하는가(HN)?

불가피하게 LN이나 HN 상태를 일으키는 걱정을 방지하기 위해 이 순간의 활동을 포함시키고 싶은 때를 파악하자.

감사하는 마음과 긍정적인 기대를 형성하라

나는 당신이 일정을 계획해서 좋은 경험을 상상하고, 자신이 기대하는 일을 생각하며, 좋은 추억을 회상하고, 감사하는 마음을 불러일으키는 주제를 되새겨보기를 권한다. 하지만 이것이 말처럼 쉽지 않을 수도 있다. 특히 당신이 우울하다면 고마운 일에 감사함을 느끼기 어려울 수 있으니, 잘된 일을 회상하거나 앞으로 잘될 일을 생각해보자. 다음은 도움이 되는 몇 가지 조언이다.

대화를 하라: 당신이 신뢰하는 사람과 이런 주제에 대해 깊이 생각할 수 있다. 신뢰하는 사람은 당신이 "짜증 나! 인생이 거지 같아."라는 말을 달고 살 때를 포착해서 도움을 주고, 당신이 희망적인 관점을 다시 갖도록 해준다. 이렇게 해줄 사람이 떠오르는가? 그 사람과 어떤 대화를 나누고 싶은가?

아래에 나오는 다른 긍정적 경험을 회상하라: 당신은 자신에게 LP나 HP 경험이 생길 때까지 기다렸다. 일단 LP나 HP가 활성화하면, 더욱 희망차고 고마운 소재에 적응하기 더 쉬워진다. 직장에서 만족한 하루를 보낸 후, 운동을 한 후, 자신에게 희망을 주는 음악을 들으면서 이를 재고할 시간을 가져보자. 자신을 위해 이 일을 일정에 넣을 전략적 시기를 알아보자.

자신이 어떻게 감사함에 다가가는지 확인하라: 나는 내가 쓸데없는 방법으로 감사해하는 마음을 키우려 했다는 사실을 깨닫는

데 오랜 시간이 걸렸다. 내 인생에 있던 모든 대단한 일에 초점을 맞추겠지만, 내가 잃었을 수도 있거나 잘못될 수도 있었던 것들을 같이 결합해서 다룰 생각이다. 나는 감사함에 아주 불안한 견해를 갖고 있었다. "내가 보고 듣고, 두 다리로 걷고, 지적 능력이 있고, 남편이 살아있고 부모님이 아프지 않다는 사실에 감사한다." 같은 견해 말이다. 감사하는 마음 반대편에는 내게 떠오른 상실 이미지에 대한 불안이 있었다. 즉 내가 장님이라면, 듣는 능력을 잃어버린다면, 자동차 사고를 당해서 제대로 걷거나 생각을 못하고, 남편이나 부모님이 죽으면 어떻게 될까? 그러던 어느 날, 나는 몇 시간 동안 운전을 하며, 사춘기와 대학 시절의 추억이 떠오르는 옛날 음악을 듣고 있었다. 나는 자연스럽게 추억에 젖어들기 시작했다. 내가 오늘 이 자리에 있다는 사실을 중학생인 내가 안다면 얼마나 행복해할까. 좋아하는 일을 하고, 나를 미소 짓게 하고 배려하는 사람과 결혼했다는 사실을 알면 말이다. 내가 감사함을 오해하고 있었다는 생각이 떠오른 건 바로 그 순간이었다.

감사함을 키울 때 자신의 추억을 되새겨보라. 지난날 어떤 때를 떠올리며 즐거워할 것인가? 오래된 사진을 보거나 편지나 카드를 다시 읽거나 자신을 과거로 데려가는 음악 목록을 만들어 그 시절로 돌아갈 수 있다.

사회적 유대감을 쌓아라

인간은 사회적 동물이며 사회에 속하기를 원한다. 진화론 차원에서 볼 때 인간은 사회의 일원이 되어야 생존할 수 있다. 이는 인간이 지닌 기본 욕구다. 우리는 자신의 생각, 감정, 행동을 다른 이들에게 인정받기를 원한다. 손잡기 같은 사람과 사람의 접촉은 삶에 도움이 된다. 법을 어기고 가까운 사람들한테서 소외되었을지도 모른다고 여기면 수치심이나 죄책감이란 감정에 압도당하기 쉽다. 이것은 "맙소사! 그 사람 나한테 화났어?"라는 말의 근거가 된다. 사회의 그저 그런 상투적인 상호작용은 유대감을 쌓는 데 제대로 된 역할을 하지 못한다는 사실을 명심하자. 당신은 자신의 행복을 지지할 상호작용을 원한다.

사회적 유대감을 강화하는 활동에 역점을 두자: 어떤 사람들과 나누는 어떤 대화가 사회적 유대감을 촉진하는가? 이를 알아내는 게 중요하다. 특히 당신이 우울증을 겪고 있다면 더욱 중요하다. 고립되고 아무도 자신을 이해하지 못한다고 생각하면 더 침체되고, 우울함을 주체할 수 없고, 아무것도 바꿀 수 없다는 생각이 들며, 상황이 달라질 거라는 희망을 갖지 못한다. 사회적 유대감이 가장 강력한 중재 요소다. 우울할 때 당신을 행복하게 하는 사람들은 누구인가? 함께 시간을 보내고 이메일을 하고 전화를 걸고 문자를 보내고 싶은 사람은 누구인가? 당신의 에너지를 빼앗거나 방해하는 사람들을 추려내라. 이런 사람들을 꼭 기억해라. 행복을 느끼고 싶은 순간에 사람을 잘못 본 바람에 무심코 주요 활동을 못하는 일이 없도록 말이다.

당신의 도움으로 혜택 입을 사람을 알아내자: 누군가를 위해, 삶의 어려움을 마주한 사람들을 위해 좋은 일을 하고 싶은가? 노숙자를 줄이는 데 열정을 바치거나 특정 질병에 관한 인식을 높이거나 가족이나 친구를 돕거나 가정식을 필요로 하는 지역사회 구성원을 도울 수 있다. 당신은 다른 사람들을 위해 어떤 인정 넘치는 행동을 실천하는가? 이 점을 신중히 생각해보고 나서 자신이 가입할 수 있는 모임이나 단체를 알아보고, 그곳에서 다른 사람들의 삶을 개선하는 일을 해보자. 첫 번째 원칙에서 자신의 가치관을 확인했으니 이 일을 위한 아이디어는 이미 생각했을 것이다. 이제, 이와 같은 활동이 자신의 유대감을 높이는 부가적 이익을 가져온다는 것을 알 수 있다.

자신의 새로운 활동에 우선순위를 정하라

일단 자신이 성취하고 싶은 일을 위해 추가로 아이디어를 모았으면, 자신의 일정표에 추가할 수 있는 몇 가지 활동에 우선순위를 매길 차례다. 어떤 일을 우선순위로 정하는 게 가장 좋은가? 잘 모르겠다면, 향후 6개월에서 12개월 동안의 활동 중 어떤 것이 자신이 우선순위를 매긴 가치관과 가장 일치하는지 기록하자. 한 활동이 표면적으로 드러나 있다면 여러 다른 방법으로 자신의 행복을 뒷받침할 수도 있다. 예를 들어 여동생에게 자주 전화하는 일이 자신의 통근을 즐겁게 하고, 다른 사람들과 소통하게 하고, 누군가를 도와주게 하는 방법이라면, 그 활동을 우선순위로 정하는 게 좋다는 확실한 암시나 다름없다.

당신이 시작하는 데 도움을 주는 조언

성공적으로 일정을 계획하고 새로운 활동을 취하기 위해 사용할 수 있는 전략을 추가로 소개한다. 앞으로 새로운 활동을 계획하고 완수 가능성을 높이는 조언이다.

되도록 구체적으로 목표를 정하자

'가족과 더 많은 시간 보내기'와 같은 목표를 세우는 게 일반적이다. 하지만 침체되어 있거나 주체할 수 없는 감정이 들면 이런 목표를 미루고 싶은 생각이 든다. 왜냐하면 목표가 모호해서다. 일반적인 목표를 정하고 그 목표를 더 구체적으로 쪼개서 당장 할 수 있는 쉬운 행동 항목으로 만드는 게 더 도움이 된다. 아래에 가족과 함께 시간을 보내기 목표와 일치하는 행동 항목 몇 가지 사례를 제시한다. 일지나 서식에 비슷한 표를 만들어 자신의 목표를 더 구체화해보자.

행동 항목	이 일을 언제 할 것인가
배우자에게 토요일 밤에 데이트하자고 말한다.	목요일 오후 7시 저녁 식사 대화 도중
영상 채팅을 계획하기 위해 형제자매에게 이메일을 보낸다.	화요일 오후 9시
사촌에게 이번 여름에 방문하라고 전화를 한다.	수요일 오후 8시 30분

달력에 할 일을 기록하면서 그 일을 완수했다고 상상하자

관찰을 통해 얻은 방대한 자료가 보여주듯 자신이 행동을 수행했다고 상상하는 일은 실행력을 강화시킨다. 운동선수와 음악가들은 규칙적으로 '마음속으로' 연습한다. 임상심리학의 대가이면서 좌절감으로 탈선한 환자에 정통한 마사 리니한은 이런 전략을 '앞서 나가기'라고 부른다. 현실적으로 완수를 방해하는 장애물이 있을 때, 스스로 자신의 일정표에 배치한 일을 연기한다고 상상함으로써 앞서나갈 수 있다. 이런 장애물을 처리하는 자신의 모습을 '마음속으로' 지켜보자. 자신의 일정에 넣는 모든 새로운 활동을 '마음속으로' 완수하는 연습을 먼저 해보자.

행동 원칙을 자신의 장점으로 이용하기

일정 짜기와 목표 활동을 완수하는 데 적용할 수 있는 네 가지 행동 원칙이 있다. 이 전략은 어려운 시험에서 추가 점수를 얻는 일과 똑같은 효과가 있다. 이 전략을 시도해보라. 시도했다고 점수를 잃지는 않는다. 오히려 급여가 오를 가능성이 크다.

두려워하는 활동을 하기 위해 좋아하는 활동 이용하기: 내가 가장 좋아하는 행동 원칙이 '프리맥(Premack) 원리'다. 이 원리는 자신이 좋아하고 자주 하는 활동을 해서 새롭고 별로 하고 싶지 않은 목표 활동을 할 가능성을 높이는 기법이다. 여기 보여주는 게 바로 그 예다. 나는 직장에서 긴 하루를 보낸 후 집에 가서 급히 처리할 이메일을 확인해야 한다. 물론 이메일을 볼 기분은 아니다. 별로 하고 싶지 않은 활동이다. 하고 싶은 활동은 남편과 소파에 앉아 우리가 즐기는 TV 쇼를 보는 일이다. 나는 프리맥 원리를 적용해서 이메일 작업을 끝내는 데 걸리는 한 시간을 어떻게 쓰는지에 따라 TV 시청 시간을 정한다. 나는 마지막 이메일을 완성할 때까지 소파에 앉지 않았다. 그래야만 내가 정말 좋아하는 TV 시청 시간을 즐길 수 있다.

규칙적인 보상 정하기: 긍정적 강화는 자신이 목표를 향해 달려가게 만드는 작은 보상이 된다. 현실적으로 계획을 짜서 자신을 강화할 것을 강력히 권한다. 강화는 대단히 평범한 일이며 머리를 쓸 일도 아니다. 나는 자주 글쓰기에 시간을 보내는데, 가장 효과적인 전략은 35분 동안 스마트폰에 타이머를 정해놓는 방법이다. 나는 정해진 시간 동안 글을 쓸 때에는 이메일을 확인하지 않고 스마트폰을 무음으로 하고 뒤집어놓는다. 알람이 울리고 나면 그때가 내게 보상하기로 계획한 시간이다. 즉 나는 이메일을 확인하고, 뜨거운 음료를 준비하고, 스트레칭을 하고, 화장실에 갈 시간을 갖는다. 이미 말했듯이 보상은 놀라울 정도로 평범하다. 하지만 이 보상이 효과가 있는 건, 35분 후에 보상받을 휴식이 나를 기다린다는 사실을 알고 있기 때문에 그동안 다른 일을 앉아서 할 수 있다. 힘든 목표를 정하면 좌절감과 미루고 싶은 감정이 생겨 현실적으로 목표 달성이 어려울 수 있다. 이 과정에서 발전하는 자신에게 보상을 해줌으로써 좀 더 무난한 접근법을 시도해보자.

혐오하는 일을 덜 혐오하게 만들기: 당신이 우울하면 자신이 처리해야 하는 활동이 더 힘들고 아주 싫다고 생각하기 쉽다. 정말 우울한 이야기다. 그 활동들을 좀 더 즐겁게 만들어서 트랩을 따르지 못하게 하는 유혹을 무시하자. 즐겁게 만들 수 없다면 덜 싫어하도록 노력하자. 자신의 환경을 완화시켜서 그 일을 좀 더 편하게 느낄 수 있는가? 예를 들어 직장에서 긴 보고서 작업을 하느라 꼼짝 못할 때, 나는 신발을 벗어 던지고 좋은 음악을 틀어놓는다. 아침에 일어나기나 침대에서 나오는 일처럼 싫은 일에 익숙해지고, 재구성하는 방법을 찾은 사례들이 두 번째 원칙에 많이 있음을 상기하자.

자신의 신호 강화하기: 의도적으로 어떤 활동을 하는 신호를 정할 수 있다. 밤에 긴장을 풀 때 TV를 보기보다는 책 읽는 습관을 들이고 가정해보자. 습관화가 성공하면 독서를 도울 수 있는 신호를 강화시킬 수 있다. 주로 어디서 TV를 보는가? 앉아서 책을 읽을 수 있는 새로운 장소를 찾아야 한다. 소파 옆에 있는 안락의자는 어떤가? 신호를 차별화하고, 독서 습관을 시작하는 첫 시간이 중요하다. 대단한 집중력을 갖고 안락의자에 앉아 책을 읽는다. 다른 날 밤에도 소파에 앉지 말고 안락의자에 앉자. 같은 시간, 같은 장소에서 반복하자. 마침내 당신은 의자에 앉아 밤에 읽을 책을 집어 드는 행동이 자연스러워짐을 깨닫는다.

다음에 나오는 진전된 조언을 간단히 살펴보자.

1. 피할 가능성이 크지 그렇지 않은지에 따라 그 활동을 하고 싶은 활동으로 만들자. - 프리맥 원리

2. 피하고 싶던 활동을 하는 동안, 간절히 기다리던 계획된 휴식을 취해 즐거움을 만끽하자. - 일상적 보상 정하기
3. 피하고 싶던 활동을 즐겁게 만들고, 이것이 현실적으로 어렵다면 적어도 그 일을 싫어하는 마음을 최소화하자. - 싫은 일 덜 싫어하기
4. 반복하고 싶은 행동이 있으면, 그 일을 같은 공간과 같은 시간에 하라. 그러면 장소 자체가 그 행동을 유발한다. - 신호 강화하기

처음에 일정을 짜기 어려울 때 유용한 조언

"나는 마음에서 우러나와서 하고 싶어. 인생 계획을 짜는 게 싫어."라고 말하는 사람들은 이 점을 알아야 한다. 즉 어떤 일을 실행하려면 미리 활동을 계획하고 그 일로 일정을 짜야 한다. 그렇게 실행할 계획이 없으면, 노력이 필요한 일을 할 가능성이 낮다. 대부분 사람은 자유를 갈망하지만 체계가 없으면 무너지고 만다. 4장을 이끄는 원칙은, 우리가 바쁠수록 더 효율적이고 생산적임을 알려준다. 우리는 일정이 더 느슨할수록 더 꾸물대고, 성취하는 바도 더 적은 경향이 있다.

당신은 일정을 즐거운 활동으로 채울 수 있다는 점을 명심하자. 당신의 가치관에 따라 휴식하는 시간이 필요하다면 거품 목

욕하기, 친구와 쇼핑하기, 즐거운 식사를 위한 외출 등으로 일정을 짜면 된다. 바쁜 일정이라고 해서 꼭 지루하고 힘든 일정일 필요는 없다. 일정이 꽉 찼다는 말은 온종일 행복 활성화 활동을 위한 방향을 잡았다는 의미다.

완수하기 어려울 때 유용한 조언

당신은 "동기가 생기면 일을 완수할 거야. 아직 동기부여가 안 됐어."라고 말할지도 모른다. 만일 동기부여가 되기를 기다린다면 트랩에 갇힌 상태다. 많은 사람이 집에서는 미뤄도 직장에서는 미루지 않는다. 당신도 비슷하리라 생각한다. 그렇게 행동하는 이유는 직장에서 부서 직원 전체가 당신의 미루는 행동 때문에 힘들어할 수도 있다고 생각해서다. 하지만 집에서 미루면 힘든 사람은 자신뿐이다. 그러니 일시적인 불편을 모면하려는 미래의 자신을 비난하라.

이런 일은 우리가 모두 빠지는 보편적인 트랩이며, 세 번째 원칙에서 언급한 내용이다. 예를 들어 당신은 보험금 설명이 틀린 것 같다고 보험회사에 전화할 수 있는가? 그 자리에서 전화할 계획이 없다면, 전화하지 않을 가능성은 99%다. 나중에 전화하기로 하면 그 순간은 기분이 좋아지겠지만, 절대 전화하지 않을 게 뻔하다. 그렇게 하는 대신, 나중에 자신이 좋아하는 TV 쇼의 최신 편을 보는 일 따위로 보상을 해줌으로써 그 일을 하는 데 동기부여를 해주자.

우울할 때에는 미래에 일어날 대다수 사건을 예상하는 일이 보험금 혜택을 논의하는 일을 마주하는 것처럼 느껴질지도 모른다. 친목 모임에 가고 취미를 다시 찾고 영양가 있는 식사를 만드는 일들이 심드렁해지면, 당신은 당황할 것이다. 당신이 HN이나 LN 상태일 때, 당신의 뇌는 자신을 그런 상태로 유지하면서 세상을 인식하는 데 익숙하다는 점을 이해해야 한다. 이 점이 의미하는 바는 HP나 LP 상태로 이동하는 가장 좋은 방법은 뭔가 완전히 다른 일을 해서 감정 경험을 흔드는 일이다.

기분이 좋아지기 위해 수동적으로 기다리면 계속 기분이 나쁠 가능성이 크다. 대신 수화기를 들고 보험 회사에 전화하고, 집 밖으로 나가고, 계획한 활동을 하면, 기대는 별로 하지 않았는데도 긍정적 결과가 나올 가능성이 생긴다. 자신이 생각한 것 이상으로 이 활동을 즐길 수 있고, 그 일이 끔찍하게 싫어도 목표와 씨름한 자신이 대견하고, 다른 사람에게 친근함을 느껴 세상과 더 많은 유대감을 느낄 테고, 자신의 할일 목록을 실행했다는 이유로 스트레스를 덜 느끼게 된다.

마지막으로 간헐적으로 일어나는 변화를 기억하자. 당신이 정직하고 규칙적이게 추적하는 한, 정말로 유용한 정보를 얻을 것이다. 실제 하기로 선택한 일이 대본에 없다 할지라도 말이다. 특히 그 일이 계획한 일이 아니더라도 자신이 한 일을 추적하기 바란다. 자신에 관해 앞으로 알게 될 사실은 "그때는 피하는 경향이 있었지." "그때는 계획을 못 지켰어."일 것이며, 이는 소중한 자기 인식을 가져온다. 자기 인식은 행동을 변화시키는 첫걸음이다. 믿을 만한 친구나 정신 건강 전문가와 상담하고 문제를 해결하자. 변화는 자기인식에서 만들어진다는 사실을 지속적으로 자신에게 상기시키자. 당신이 자신의 침체를 인식한다는 사실은 이미 원하는 변화가 이루어지고 있음을 의미한다.

즐거움을 느끼기 어려울 때 유용한 조언

당신은 이렇게 말한다. "나한테 문제가 있나 봐. 아이들과 놀고, 산책하고, 글쓰기 작업을 하는 이런 활동을 좋아한다고 생각했는데, 그렇지 않아." 이런 일이 일어나는 이유를 다음에서 살펴보고 그중 어떤 것에 당신의 경험을 적용시킬지 확인해보자.

스스로 즐거운 경험을 하지 못하게 방해할 수도 있다: 우리는 현재의 순간을 잊어버리면 의도적이든 아니든 스스로 자신의 즐거움을 방해할 수도 있다. 이 말이 맞는지 직접 확인하려면, 아래 상황을 연습해보자. 식사나 간식으로 자신이 좋아하는 음식을 준비하자. 먹을 시간이 되면 30초 동안 타이머를 맞추자. 그 30초 동안, 당신이 먹는 음식 맛에만 온전히 집중하자. 특히 자신의 입안에서 춤추는 맛, 그 질감을 느끼고 특히 초콜릿일 경우 몸에 전해지는 마법 같은 감각을 느껴보자. 당신이 알아내는 게 무엇이든 상관없이 그 맛만 느긋하게 느껴보자.

그리고 다시 한 번 30초간 타이머를 맞추고 먹는다. 이번에는 먹으면서 내일 무엇을 입을 건지, 누구 생일이 다가오는지, 신용카드 대금 납부일이 언제인지 생각하자. 두 번째 타이머가 꺼지면, 잠시 멈추고 자신에게 "어떤 상황에서 더 맛있었지?" 하고 물어보자.

자신이 현재 경험하는 일에 부분적으로만 참여하면, 그 경험에서 맛보는 즐거움을 감정적으로 불완전하게 느낄 기회만 가질 뿐이다. 당신의 능동적 정신은 자신이 그 순간의 즐거움에 빠지지 못하게 막는다. 이런 경향에 대응하기 위해 수첩을 가지고 다니면서 책상에서 빠르게 메모하거나 아니면 스마트폰 노트 앱을 사용해서 메모를 한다. 잡념이 일거나 충동이나 아이디어가 떠오를 때 그것을 적어두자. 그러면 의도적으로 자신의 관심을 현재 활동에 집중하게 만들 수 있다. 잡념이나 충동이나, 아이디어를 살펴볼 시간을 만들자. 후에 자신의 집중력이 좋아지면 확인해보자.

자신의 현재 감정 강도를 줄일 필요가 있다: 당신이 강한 HN이나 LN을 느끼고 있다고 가정해보자. 자신이 계획한 활동에 임하고는 있지만, 강도 높은 부정적인 감정에 지나치게 사로잡혀 있고 그 활동을 즐길 가능성이 전혀 없다. 이런 일이 일어나면, 세 번째 원칙에서 나온 높은 강도의 방아쇠를 다룬 단락을 검토하면 도움이 될 것이다. 먼저 자신의 불편한 감정을 해결하기 위해 시간을 좀 가져야 하고, 그 시간 동안 화장실 의자에서 심호흡하거나 자신을 응원하는 누군가와 잠깐 대화하거나 팔 벌려 뛰기 같은 빠른 동작을 하면 좋다. 목표는 현재의 격렬한 감정에서 벗어나서 집중할 수 있는 더 좋은 기회를 얻는 것과 자신이 처한 환경에서 즐거움을 얻는 것이다. 세 번째 원칙을 한 번 더 살펴보고, 지나치게 사람들 시선을 끌지 않는 전략에 집중하라. 그러면 당신이 공공장소에 있을 때 현실적으로 도움이 될 것이다.

당신의 감정은 자신이 아니라 활동을 향한 메시지다: 당신의 부정적 감정 경험은 아주 유용한 정보를 전달할 수 있다. 당신이 이성 친구와 함께 있고, 더운 여름밤에 산책을 한다고 가정해보자. 당신은 친밀감을 느껴야 한다고 생각한다. 하지만 계속 HN, HN, HN을 느낀다. 물론 당신의 우울한 마음이 방해하고 있어서 그럴 수도 있다. 어쩌면 낭만적인 상황인데도 당신의 감정은 욕구가 충족되지 않았다는 정보를 전달하고 있을 가능성도 있다. 혼자거나 직장에 있는 등 다른 상황에서는 기분이 나아지는데 이 사람과 함께 있을 때 기분이 가라앉았다면, 그러면 이 감정은 중요한 메시지일 수 있다. 이 경우, 현재에 집중하는 연습을 아무리 해도 당신에게 우울함을 초래하는 이 관계의 실제 문제를 바로잡지 못한다. 감정은 유용한 정보를 전달한다는 사실을 꼭 기억해야 한다. 즐거움이 부족하다는 사실은 당신의 상황과 욕구에 관한 대단히 중요한 내용을 암시할 수 있다.

노력할 가치가 있는 활동인가?

당신은 이 책의 세 가지 원칙과 4장 전체를 살펴보았지만 여전히 '시간을 들여 활동을 계획하고 완수할 필요가 있는가?' 하고 의문이 들 것이다. 네 번째 원칙의 마지막 부분에서, 지금까지 설명한 활동들을 모두 실천할 가치가 있는지 스스로 판단하는 문제를 추가로 다루고 싶다. 자신의 행복에 대해 잘 생각해보라. 행복을 이렇게 생각할 수 있다.

- 부정적 감정 경험과 긍정적 감정 경험의 바람직한 비율(보통 HN이나 LN 경험 한 번 당 HP나 LP 경험 세 번)
- 삶이 의미와 목적이 있다는 느낌
- 자신의 목표를 달성하고 있다는 느낌

당신은 이제 순간적인 선택이 감정 경험에 미치는 영향을 평가하는 데에 전문가다. 이는 위의 행복 정의에서 첫 번째 사항과 관련이 있다. 4장의 다음 단락에서는 다른 두 가지 사항을 고려한다. 특히 각각의 선택 사항이 자기 자신과 주변 사람 그리고 인생을 폭넓게 바라보는 데 어떤 영향을 미치는지를 살펴보고, 당신의 목표를 성취하는 데 어떻게 도움이 되는지도 확인할 생각이다.

이 포괄적인 평가는 당신이 계획한 활동을 실행할 때 꼭 따라붙는 내면의 장애물을 찾을 수 있게 해준다. 장애물은 다음과 같은 말로 드러난다. "어떻게 하라는 거야?" "그럴 만한 가치가 없잖아." "너무 피곤해." "나중에 해야지."라는 말을 많이 들어보지 않았는가? 시간이 지남에 따라 한 가지 활동이 다음에 나오는 주제들에서 한 번 이상 표시되면, 마음속에서 순간적으로 두려워하는 데도 불구하고 드러내고 행동하는 일을 정당화할 것이라는 중요한 신호가 된다.

활동은 당신이 자기 자신을 바라보는 방식에 영향을 미치는가?

아주 단순하고 실용적인 활동이 불편하게 여겨질 수도 있다. 당신이 회사 행사에서 발표해 달라는 부탁을 받았다고 상상해보자. 준비하는 과정이 힘들고 사람들 앞에 서는 것도 즐겁지 않아서 계속 HN을 느꼈다. 하지만 발표를 한 후에는 자신의 직무 능력 개발이라는 목표와 일치하는 일을 감당해냈다는 사실에 스스로가 자랑스럽다. 이런 상황에서는, 어떤 활동이 자신을 보는 견해에 영향을 미치는지 집중하면 이런 행동을 반복할지 말지 알 수 있다.

두 번째 예를 보자. 친구가 아파서 찾아갔는데 자신도 슬프고 LN을 느꼈다고 상상해보자. 슬픔이란 감정을 함께 공유하여 의미가 있었고 집으로 돌아온 후에 기분이 괜찮았다. 당신의 행동은 우정에 대한 자신의 가치관을 지지한다. 즉 그곳에 가서, 그 자리에 있어주고, 귀를 기울여 들어준다. 자신에게 중요한 일과 일치하는 방법으로 행동했으므로 자신을 긍정적으로 본다.

이런 방법으로 활동이 가치가 있는지 없는지 결정하면, 활동을 하는 동안 자신의 감정 경험보다는 자기 자신을 바라보는 일에 집중할 수 있다.

활동이 다른 사람이나 세계를 바라보는 방식에 영향을 미치는가?

우울하면 자신을 부정적으로 볼 뿐 아니라 자신의 환경도 부정적으로 보는 경향이 있다. 이는 미래를 암울하게 보이게 한다. 당신의 행동 선택으로 부정적인 세계관과 미래가 사실이라고 생각하게 되는지, 당신의 행동 선택으로 다른 사람과 세계와 미래를 고요하고 친절하고 행복하고 희망찬 대상으로 보게 되는지 주목하라.

다음 이야기를 잘 생각해보라. 당신은 7월 4일 독립기념일을 맞아 평범한 바비큐 파티에 초대받는다. 집에 있고 싶은 충동을 느끼지만, 배우자가 이웃의 파티에 합류하자고 당신을 설득한다. 좀 불안하지만 참석한다. 대화는 변변치 않고 집주인은 석쇠에 고기를 너무 익혔다. 하지만 당신은 막 이 마을로 이사온 사람과 대화를 시작하고, 우연히 이 집에서 만난 일을 이야기하며 낄낄대는 자신을 발견한다. 그리고 한 이웃 청소년이 놀랍게도 자신의 부모님을 도와드리는 장면을 보며 당신은 미소를 멈추지 않는다. 집에 갈 시간까지 당신은 좀 더 사교적인 교감을 느끼고 혼자라는 감정도 줄어든다. 당신은 세상에 연장자를 존중하지 않는 아이들만 있는 게 아니라는 생각을 한다. 집에 도착하자 새로운 사회관계에 좀 더 마음을 열고 다음 세대에 희망을 느꼈다. 이 사례를 통해 한 가지 활동으로 사회 전반에 대해 더 유대감(반대 개념 고립)을 느끼고 더 희망(반대 개념 절망, 비관)을 느끼게 되었음을 알 수 있었다.

이 문제는 또한 가까운 관계에서 이루어지는 행동에 적용되기도 한다. 당신이 상처받기 쉬우며 사람들과 관계를 끊고 혼자 틀어박히고 싶어 한다고 가정해보자. 스마트폰이 울릴 때 무시하고 싶은 충동이 일지만, 수화기를 들어 친구나 가족이나 연애 상대에게 자신을 괴롭히는 일이 뭔지 말한다. 자신을 우울하게 만드는 일을 말하는 동안 슬픔을 느낀다. 아마도 여전히 자신의 삶에서 나쁜 기분을 떨칠 수는 없을 것이다. 하지만 이렇게 감정을 공유하면 상대와 가까워지고 친밀감을 느끼게 된다. 이는 그 자체로 매우 가치 있는 결과이며 당신의 유대감을 강화하고, 미래의 어떤 순간에 어려움을 겪을 때 돌아갈 안전한 장소가 있다는 사실을 알려준다.

또한 당신은 다른 사람들과의 유대감에 대해 더욱 광범위하게 생각하게 된다. 예를 들어 내가 기괴한 코미디 영화와 판에 박힌 스탠딩 코미디를 보는 한 가지 이유는 실존적 의미에서 이 세상에 내가 혼자가 아니라는 느낌을 받기 때문이다. 누가 터무니없는 연기를 하고 내가 그것을 재미있어할 때 내가 그런 재미를 아는 유일한 사람일 리 없다는 사실을 안다. 누군가가 많은 사람이 즐기는 영화나 오락거리를 만들었다는 것은 나에게도 다른 사람들과 공통된 유머 감각이 있다는 의미다.

이 깨달음으로 나는 세상과 더 많은 유대감을 느끼게 된다. 그런 경험을 일깨우는 관심거리가 당신에게 있는가? 음악을 듣고, 나무를 보고, 예술을 경험하고, 기도를 할 때 이런 일이 일어난다. 무엇이 좀 더 큰 세계관과 당신을 연결해주는가? 그런 경험을 자극하는 일에 관심을 집중하자. 아마 이러한 일들이 자신의 일정에 꼭 끼워 넣고 싶은 순간들일 것이다.

이런 사례들을 합치면, 당신이 하는 행동을 토대로 당신이 낯선 사람, 지인, 세상을 어떻게 느끼는지 평가하는 데 유용하다.

행동 실천의 결과로써 당신이 더 유대감을 갖고 용기가 생기고 희망을 품게 된다면, 이것이 바로 그 행동을 반복해야 한다고 보장하는 단서가 된다.

활동이 실제 상황에 미치는 영향은 무엇인가?

어떤 행동의 구체적 결과를 고려하는 일이 중요하다. 스스로에게 "이 선택을 해서 내가 원하는 것을 얻었나?"라고 물어보자. 당신이 원하는 것을 요구하거나 아니라고 거절하는 것이 어려운 상황에서 벌어지는 대화를 생각해보자. 대화를 하면서 당신은 긴장하면서도 자신의 생각을 분명히 이야기한다. 이 경우, 대화 자체는 당신에게 큰 불안을 초래하고 당신을 HN 상태에 빠지게 한다. 대화 상대가 대들거나 성난 반응을 보여서 내가 뭘 잘못했나 생각하게 만들고 진이 다 빠진 느낌이 든다.

하지만 결국에는 당신의 요구가 충족된 상황을 가정해보자. 몇 가지 사례가 있다. 가령 당신은 이웃이 시끄러운 음악을 줄이게 하고, 세입자에게 월세를 내게 하고, 주변 직장동료에게 우두머리 행세를 못하게 만들 수 있다. 이런 사례에서 보듯이 이런 행동을 취하는 게 불편하게 느껴질 수 있으나 더 큰 목표에 도달하려면 해볼 가치가 있다. 장기적으로 보면 스트레스를 줄여주고 행복감을 증대시키기 때문이다.

활동 결과를 생각해본다

어떤 활동은 모든 면에서 다 유익하다고 느껴진다. 아래에 나오는 네 가지 항목이 다 느껴지는 활동이 있는가?

- 기분이 상승한다.
- 자신에게 만족감을 느낀다.
- 주변과 세상에 있는 것들을 사랑한다.
- 원하는 결과를 획득한다.

이와 같은 경험을 하는 게 물론 가능하지만 앞에 나온 단락의 예시에서 볼 수 있듯이, 어떤 활동이 동시에 네 가지 목표를 달성하는 경우가 항상 있는 일은 아니다. 다른 경우를 보자면, 노력을 들일 가치가 있다고 평가했을 때 단기적 불편보다 장기적 이익이 약간 더 크다는 점을 항상 고려해야 한다.

- 당신은 싫다고 느끼는 활동을 하고 있지만, 결국 성취감을 경험하게 된다.
- 활동을 시작하면 부담이 될 수도 있지만, 이어지는 일이나 대면하는 사람들 덕분에 뜻밖에 유쾌해질 수도 있다.
- 감정적으로 힘들 수는 있지만, 당신의 끈기는 장기적 목표에 더욱 가까이 가게 만든다.
- 누군가를 짜증나게 할 수도 있지만, 자신의 주장을 내세우면 자존감을 강화시킬 수 있다.

단기적 불편 대비 장기적 이익을 조사하고, 자신의 선택이 어떠한 영향을 미쳤는지 신중하게 살펴보는 데 도움이 되도록 이 평가 자료를 이용하라. 그리고 장기적 이익이 자신의 가치관과 일치하는지 잘 생각해보라. 예를 들어 지금 자신의 경력을 발전시키는 데 초점을 맞추고 있고 자신의 HN 경험이 되는 발표를 할 기회가 왔다고 가정해보자. 이 일이 일 년에 두 번 하는 긍정적 검토에 기여할 것이므로 그 일을 자발적으로 함으로써 자신의 목표에 도달할 수 있다. 당신은 이 결과가 단기적 감정에서 느끼는 불편보다 더 중요한지 결정하면 된다. 스스로에게 "내 장기 목표가 단기 불편보다 더 우선할 가치가 있는가?"라고 물어보라. 만일 가치가 있다면, 피하고 싶은 충동이 드는 활동에 다가가고 발표에 뒤따르는 불편함 따위는 발로 차버려라.

인식의 변화는 행동 변화를 가져온다

당신이 이 책을 고른 이유 중 하나는 구체적인 방식으로 행동하고 싶어서이리라. 4장 전체에서 살펴봤듯이, 일정표를 이용하면 자신의 삶에 관한 자료를 많이 얻을 수 있다. 특히 아래에 나온 대로 하면 탁월한 연습이 된다.

- 의도적으로 활동을 계획하고 일정 짜기
- 활동 완수 후 자신의 일정표에 표시하기
- 각 선택 사항의 결과를 인정하기

이 관찰은 훌륭한 습관을 길러준다. 행동을 바꾸는 가장 좋은 방법은 그 행동을 관찰하는 일이기 때문이다. 당신이 일상을 계획하고 관찰하는 리듬을 찾아 계획적으로 선택을 하고, 삶의 예측할 수 없는 본질에 적절한 유연성을 유지하기를 바란다. 당신이 성공하도록 돕기 위해, 당신의 개성과 일상에 적합한 많은 방법을 제시했다. 당신의 독특한 일상을 창조하는 이런 제안과 실험을 받아들일지 말지는 당신에게 달려 있다.

이제부터는 계속해서 당신이 일상을 계획하고 완수하기를 강력하게 권한다. 필요하다면 4장에서 당신이 창의적으로 생각해낸 목표 활동으로 되돌아가서 지속적으로 그 목표 활동의 일정을 계획하라. 그리고 두 번째 원칙에서 논의된 내용처럼 정신적으로나 신체적으로 건강을 북돋우는 활동을 계획하는 습관을 키우기 바란다. 목표 완수를 어렵게 하는 힘든 감정을 관리하는 방법이 필요하면 세 번째 원칙에 나온 제안을 참고하라. 첫 번째 원칙과 네 번째 원칙의 핵심에서도 언급한 것처럼 자신의 가치관과 일치하는 삶을 향해 계속 노력하라.

이러한 노력을 기울이고 가장 좋은 계획을 세운다 해도 여전히 쉽지 않다. 하루는 1,440분이고 86,400초로 엄청난 찰나의 순간이 있다. 마지막 장에서 구체적인 전략 한 가지를 더 알려주겠다. 이 전략은 당신이 가장 중요한 행동을 계획하고 완수하는 데 필요한 부양책을 추가로 제공한다.

5장

다섯 번째 원칙:

찰나의 승리를 공유해서 안정을 유지한다

나는
오늘부터
행복해
지기로
했다

성공의 기쁨은 나누면 배가 된다

목표 달성에 성공했을 때 자신이 등을 토닥거리는 대신, 다른 사람들에게 등을 토닥거려 달라고 말해보라. 4장까지 읽었다면 감정과 행동은 외부와 단절된 상태에서는 일어나지 않음을 알 것이다. 사회적 상호 작용은 주어진 상황과 자신에게 부합하는 행동에 대해 자신이 느끼는 감정을 증폭시켜준다. 타인이 당신을 도발하여 목표에서 멀어지게 만들 수 있고, 당신이 목표에 다가갈 때 더 많은 행복을 안겨줄 수도 있다.

왜 이해관계가 얽힌 일은 그렇게 영향력이 강한가? 네 번째 원칙에서 짧게 언급한 것처럼, 인간은 집단을 이루어 사는 종족이다. 진화론 관점에서 볼 때, 인간의 최대 관심사는 강력한 유대를 형성하는 일이고, 이 유대감이 위협받는다는 인식이 들면 인간의 감정은 요란한 신호를 보낸다. 현대에는 인간이 갈등을 겪거나 사회적 규범에 따라 행동하지 않거나 합의를 지키지 못했을 때 이런 신호가 발생한다. 당신이 속한 모임의 다른 구성원들이 당신을 받아주고 걱정한다고 느껴질 때 긍정적인 감정이 생겨난다.

이해관계가 얽힌 일은 당신의 감정과 행동에 강한 영향을 끼치므로, 네 번째 원칙에서 당신이 행복하다고 느끼는 사회적 상황과 소모적이라고 느끼는 사회적 상황을 구분하라고 권했다. 더 행복한 인간관계를 형성할수록 아래처럼 될 가능성이 커진다.

- 긍정적 감정을 경험한다(사람들이 좋아해줄 때 기분이 좋다).
- 자연스러운 보상을 활성화하고 싶은 충동을 실천한다.
- 행복을 증대시키는 만족감을 경험한다(목표 달성으로 자신감이 생긴다).

소모적인 인간관계를 형성할수록 아래처럼 될 가능성이 커진다.

- 부정적 감정을 경험한다(관계가 엉망이 되면 정말 기분이 안 좋다).

- 회피하고 싶은 충동에 따라 행동한다(슬픔이 커지면 회피 충동이 더 강해진다).
- 우울을 초래하는 고립과 슬픔의 감정을 지속적으로 경험한다(피하면 고립과 슬픔이 더 깊어진다).

가능한 한 간단하게 표현하기: 긍정적인 이해관계가 얽힌 일은 HP와 LP 경험을 증진시키고, 부정적인 이해관계가 얽힌 일은 HN과 LN 경험을 증진시킨다. 5장에서는 당신이 찰나에 맛본 성공 경험을 다른 사람들과 함께 축하함으로써 활성화 목표를 대부분 달성하는 방법을 알려줄 것이다. 이런 대화는 당신의 기분과 자존감과 이해관계에서 오는 친밀감에 대해 시사하는 바가 크다. 즉 모든 경험을 통해 당신은 HP와 LP를 지속해서 느끼고, 행동 변화의 과정을 발전시키며 안정을 유지할 것이다.

자신의 성공을 사교적 상호작용으로 활용한다

당신에게 좋은 일이 생길 때 처음으로 하는 일을 생각해보라. 당신의 웹사이트를 백만 명이 방문하는 일처럼 대단한 것일 수도 있다. 또는 단 몇 초나 몇 분간 당신의 기분이 밝아지는 대수롭지 않은 순간일 수도 있다. 멘토가 칭찬을 늘어놓는 추천서를 읽는 순간일 수도 있고, 새 운동 수업을 시작했는데 그것이 어려워도 계속해나가는 순간일 수도 있다. 콜리플라워로 피자를 만드는 때일 수도 있다. 그러면 그다음에는 어떤 행동이 이어질까?

당신은 누군가에게 이에 대해 이야기할 가능성이 가장 크다. 어쩌면 부모님에게 추천서를 보낼지도 모른다. 아니면 동료에게 지난 밤 운동으로 얼마나 몸이 쑤시는지 말할 수도 있다. 또 '#콜리플라워창작품'이라는 해시태그로 인스타그램에 콜리플라워 피자 사진을 올릴지도 모른다.

내가 가장 좋아하는 연구원인 해리 T. 레이스와 쉘리 L. 게이블은 '자신이 겪은 행복한 경험을 누군가에게 이야기하는 행동'을 '활용하기'라고 부른다. 당신은 룸메이트, 친구, 동료, 애인, 부모, 형제자매, 지인 등을 크고 작은 이벤트에 활용할 수 있다. 당신이 정보를 공유하는 사람이 흥미와 열정을 주고받는 방식으로 반응하고 왜 이 일이 당신에게 중요한지 이해한다면, 대단한 일이 일어난다. 당신에게 다음과 같은 일이 생길 가능성이 커진다.

- **대화를 하는 동안 기분이 좋아지는 경험을 한다:** 대화 자체가 행복이 된다. 기분이 우울한 상태에서도 자신이 좋아하는 일에 대해 대화를 하고, 관심을 끄는 긍정적 반응을 받으면, 경험상 기분이 좋아지는 것처럼 보인다.

- **대화 상대에게 친밀감을 느낀다:** 이런 대화는 다른 사람들이 당신을 이해하고, 걱정해주고, 당신이 왜 그런 식으로 느끼는지 공감하고 있음을 인지할 수 있는 인간관계를 쌓아 나가는 데 바탕이 된다.
- **행복한 순간을 이전보다 더 소중한 순간으로 여긴다:** 대화 상대가 이 일이 얼마나 대단한지 당신에게 상기시키면, 당신은 그 사건을 더욱 진전시킬 테고 "그래, 이건 정말 대단한 일이야!"라고 여길 것이다.
- **좋은 일이 있었다는 사실을 기억한다:** 미래의 자신을 생각해보라. 좋았던 일들을 빠짐없이 떠올리기가 늘 잘 되지는 않을 것이다. 당신이 마치지 못한 일과 '만족스럽게' 진행하지 못했던 일을 떠올리기가 훨씬 쉽다. 당신이 이런 유형의 대화를 한다면, 훗날 맨 처음에 있었던 긍정적인 사건을 잘 기억할 가능성이 커진다.

활용하는 방법

당신이 정신의학과 전문가와 교류한다면 그는 규칙적으로 당신의 정신 건강을 살피고 도울 가능성이 크다. 당신을 상담하는 의사는 당신이 행동 변화에서 거둔 성공을 축하한다. 그 사람들이 나와 비슷하다면 당신이 자랑스러워할 만한 일을 할 때 말 그대로 하이파이브를 해줄 것이다.

당신의 지원 체계(개인에게 정서적, 물질적, 정보적, 애정적으로 지지를 제공하는 사람, 자원 그리고 단체들의 상호 관련 집단-역자주)에 속한 다른 구성원들과 틀림없이 이런 대화를 나누게 된다. 당신이 아는 누군가에게 다음에 나오는 내용을 이야기하는 상상을 해보라.

- 이 책을 읽을 때 집중하고 있던 목표 하나가 진전을 보인다.
- 힘든 순간을 어렵지 않게 이겨냈다.
- 당신이 정말로 관심 있어 하는 어떤 것(물론 당신은 우울하고 대부분 일에 싫증을 느껴 이 책을 읽기 시작했다)

진정으로 내면이 밝아지는 대화를 했을 때, 당신은 '능동 건설적 반응'(active-constructive response)을 떠올리게 된다. 이는 열정적이고 도움이 되는 반응이다. 내가 인생에서 좋은 무언가를 말할 때 온몸으로 열정을 표하는 친구 젠에게 정말 감사하다. 나는 우리의 '활용 친구'로 젠을 지목할 생각이다. 젠의 '능동 건설적 반응'은 말을 사용하지 않는 의사소통이 말로 하는 의사소통만큼 중요하다는 사실을 보여준다. 젠은 미소를 가득 띠고, 고개를 끄덕이고, 눈을 맞추고, 열린 태도를 유지한다(물론 하이파이브도 자주 한다).

젠은 자신과 긍정적인 일을 공유하는 사람들에게 어떤 말을 하면서 그러한 흥분과 열정을 표현하는가? 젠이 중요시하는 세 가지 주제가 있다.

"더 말해 봐!" 젠은 사건에 관한 질문을 한다: 젠은 당신에게 자세히 말하라고 부추기고, 당신은 내용을 구체적으로 설명함으로써 무슨 일이 있었는지 다시 경험한다. 젠은 다음과 같이 질문한다. "정확하게 어떻게 했어? 자세히 말해줘!" "중요한 부분이 뭐야?" "자세한 순간은?" "무슨 생각이 들었어?" "기분이 어땠어?" "왜 그렇게 하고 싶었어?"

"그게 너한테 무슨 의미야?" 젠은 당신이 그 사건의 의미를 구체적으로 설명하도록 용기를 불어넣는다: 젠은 긍정적인 사건이 당신의 자존감에 어떤 영향을 미쳤는지 되돌아보라고 말한다. 그렇게 되돌아보는 일은 아주 강력한 의미를 지닌다. 시간을 내서 사람들에게 이런 질문을 해보라. 그러면 사람들이 하는 대답을 듣고 놀랄 것이다. 하지만 다른 사람이 똑같은 질문을 했을 때 당신이 하는 대답을 들으면 더욱 놀랄 것이다. 자신의 목표와 일치하는 행동이 자신의 삶에 어떤 의미인지 되짚어보면 기분이 어떻까? 상당히 기쁘지 않을까?

"암시하는 바가 뭐야?" "이것 때문에 생기는 차이가 뭐야?" 젠은 결과를 캐묻는다: 본질적으로 젠은 현재의 사건이 당신의 미래에 어떤 영향을 미치는지 묻는다. 우리는 일상생활에서 다른 사람에게 이런 질문을 하지 않고, 사람들도 우리에게 이런 질문을 하지 않으며, 자기 자신에게도 마찬가지다. 친구들과 가족에게 자주 묻는 말은 아니지만, 이런 질문은 정보를 통합하고 과거 경험에서 배울 때 가장 중요한 역할을 한다. 이 순간이 미래의 순간에 어떤 영향을 미치는가?

당신의 대화가 어떻게 들릴지 생각해보라. 직장이나 학교에서 긴 시간을 보낸 후에 당신이 하는 이야기를 생각해보라. 당신은 주로 어떤 일상 경험을 이야기하는가? 성장과 용기와 변화에 중점을 둔 이야기인가? 아니면 실패나 그다지 좋지 않거나 비관적인 이야기인가?

활용하기를 통한 상호작용이 최적의 도움이 되지 않을 때

여기까지 읽고 당신은 "하지만 엄마, 아빠, 여동생, 직장동료,

애인, 룸메이트는 젠하고는 다른걸! 이건 나한테는 효과가 없을 거야."라고 생각할지도 모른다. 물론 사람들이 당신에게 전적으로 열정적이지 않은 건 사실이다. 어떤 사람은 어느 날은 도움이 되는 반응을 하지만, 어느 날은 그렇지 않다. 당신에게 일어나는 좋은 일을 말하고 싶을 때 당신이 접할 수 있는 다양한 반응을 논의해보겠다. 대화 상대의 반응이 어느 정도일지 예상되면, 누가 당신의 필요에 가장 잘 들어맞는지 파악하기 쉽다.

'이요르' 반응: 때로 당신의 대화 상대는 곁에 성실하게 있는 일 말고는 필요한 열정을 보여주지 않는다. '수동 건설적 반응'이라고 하는 조용하고 절제된 지지를 보내며 시간이 충분하지 않음을 보여줄 뿐이다. 수동 건설적 반응은 대화상대[이요르(곰돌이 푸우에 등장하는 늙은 당나귀-역자주)]가 사건에는 긍정적 태도를 견지하지만, 거의 말을 않고 침묵을 지킨다는 사실을 알 수 있다. 이런 상황은 즐겁고, 짧고, 조용한 대화에서 일어난다.

수동 건설적 반응에는 사건에 관한 질문이 없고, 사건을 바라보는 의미 있는 개인적 논평도 없고, 사건이 끼친 영향이 무엇인지 자세한 설명을 요청하지도 않는다. 그저 억양의 변화 없이 "대단하네." 정도에 해당하는 말을 하거나, 미온적으로 "그것 잘

됐네." 하는 정도다. 당신은 상대방이 객관적으로 지지하는 말을 들어도 더 이야기를 나누거나 자세한 설명을 교환하지는 못한다. 설령 이요르가 성실하게 진심을 말한다 해도, 대화는 그 지점에서 단절된다. 이요르는 말을 하지 않고 구부정하게 있거나 하품하거나 꼼지락거리거나 당신이 사건을 이야기하는 동안 눈을 맞추지 않을 수도 있다. 끊임없이 모바일 기기를 사용하는 시대이니, 당신이 사건에 관해 말할 때 이요르는 계속 자신의 이메일만 쓰고 있을 수도 있다.

걱정 많은 부모 반응: 가끔 당신의 대화 상대는 아무렇지도 않게 잘못될 수 있는 일과 당신이 생각지도 않은 가능성을 들먹이며 지적하는 말로 대화를 시작한다. '능동 파괴적 반응'으로 부정적인 의견을 주는데, 아주 해롭다는 점은 말할 필요도 없다.

걱정이 많은 부모는 귀를 기울이거나 대화에 참여하기도 하지만 곧바로 문제점을 지적한다. 본질적으로 걱정이 많은 부모는 실제보다 사건을 더 불리하게 재구성하고 사건의 중요성을 축소한다. 당신은 이렇게 할 가능성이 큰 사람이 누군지 쉽게 예측할 수 있다. 아마 사건의 영향을 받거나 사건을 좋아하지 않는 사람이 부정적인 측면을 들먹일 것이다.

예를 들어 당신이 멋진 일자리를 제안받아 부모, 형제자매, 친구들에게서 멀어져야 한다면, 그 사람들은 곧바로 도움을 주지 않을 수도 있다. 그 일자리가 당신의 배우자가 살고 싶어 하지 않는 도시에 있다면, 그 소식은 걱정을 부추긴다.

또 다른 사례는, 당신이 대화하고 있는 사람이 당신과 경쟁 관계에 있고 당신의 성공에 위협을 받는다고 느낄 때다. 그 사람은 당신을 좌절시키거나 당신의 역할을 깎아내리는 반응을 할 가능성이 있다. 물론 그의 의도는 좋다 해도 보통 걱정하는 쪽은 그이고 당신이 들을 수 있는 반응은 앞으로의 불확실성을 강조하는 말이다. 의도적이건 아니건 능동 파괴적 반응은 풍선을 터뜨리는 사람과 같다.

'우리 아직 내 이야기는 안 하고 있지?' 반응: 당신의 대화 상대는 아무렇지 않게 자신에 관한 이야기를 계속한다. 이것이 세 번째이자 마지막 거절 반응이다, 즉 대화 상대는 사건을 무시하고 당신이 원하는 대화에는 참여하지도 않는다. 이를 '수동 파괴적 반응'이라 말하며 두 가지 중 한 가지 방법으로 나타난다. 둘 다 전달하는 게 거의 없고 아무 흥미도 없으며, 사건이나 사건이 함축하는 바에 관심도 없다.

이 유형의 상대는 대화 주제를 금세 완전히 다른 쪽으로 바꾼다. 즉 "그래서 이번 주에 뭐 할 거야?" 같은 식이다. 또 이 유형의 상대는 주제를 자신에게 일어난 일로 바꾼다. 당신이 수영장에서 수영했다는 사실을 자랑스럽게 말하면, 상대는 "나는 3일 내내 12,000보 걸었어."라고 말한다. 이런 친구가 있는가? 미칠 노릇일 것이다. 내 여동생과 나는 자라면서 끊임없이 누가 말하고 누가 들을지를 두고 시끄럽게 떠들어댔다. 우리는 "내가 말하는 중이야! 내 차례야!"라는 말을 표시하는 수신호까지 사용할 정도였다.

우리 모두 이런 지인이나 친구나 동료가 있는데, 이들은 듣는 방법을 모르고, 자기 자신에 관해서만 말하고 자신에게만 집중한다. 그 사람이 형제자매라면 못살게 굴어서 말을 듣게 만들 수도 있다. '우리 아직 내 이야기는 안 하고 있지?' 유형의 사람이 친구이거나 동료라면, 그 사람이 사건과 그 사건이 함축하는 당신의 미래에 대해 질문하며 배려심을 갖게 되기를 바랄 뿐이다.

우리 모두에게는 살면서 끊임없이 어울리지 않는 반응을 보여주는 사람이 있고, 가끔씩 이런 반응을 보여주는 사람도 있다는 점을 기억하기 바란다. 우리는 때로 그런 일로 자신에게 죄책감을 느낀다. 자신의 삶에서 수동적이거나 파괴적인 반응을 하는 사람들을 찾아낸다고 해서 이런 관계를 끝내는 건 아니다. 우리 모두는 인간이고, 사람들은 때로 순수한 관심과 흥미를 발휘하지 못하게 하는 자신만의 트랩을 찾고 있을지도 모른다. 그 사람들의 인간성 때문에 가끔 다양한 반응을 받는다는 점을 충분히 생각하기를 바란다. 성공한 행동을 활용하는 계획을 세울 때 누가, 언제 정말로 자신에게 귀를 기울일 건지 잘 알아야 한다.

자신의 삶에서 사람들의 반응 유형을 알아내라

일지나 다운로드한 용지를 꺼내 다음 질문에 답을 적어보자.

활용하기 목록 맨 위에 누가 있는가? 당신은 계속 이 사람에게 의지해도 된다. 이 사람은 당신이 떠벌린다고 생각하지 않고 당신이 경험한 찰나의 승리를 당신과 함께 되돌아보고 싶어 하는 사람이다.

가끔은 아주 도움이 되는 반응을 하지만 몇 가지 단점을 가진 사람은 누구인가? 이 사람은 자신이 예민하게 생각하는 소재만 아니라면 대부분 일을 당신과 함께 축하할 수 있는 친구다. 적절한 시기에 다가가야 할 연애 상대일 수도 있다. 이 사람은 배고파서 화가 나거나 농구 경기를 볼 때가 아닌 이상 당신에게 열정을 보여줄 사람이다.

중요한 일을 공유할 상황이 생길 때 피해야 할 사람은 누구인가?
당신은 그 사람들에게서 이전 단락에서 설명한 세 가지 유형 중 하나 또는 그 이상을 찾아낼 수 있다.

단계적으로 자신의 발전을 활용하라

여기에 매일의 선택 사항을 활용하는 방법과 자신을 행복하게 하고 격려하는 기회를 잡기 위해 사전에 준비하는 방법이 있다. 일지나 서식에 자신의 모습을 다시 기록하고 다음의 여덟 단계를 진행하라.

계속 강화하고 싶은 행동을 떠올려라. 자신의 일상생활에서 어떤 사건이 일어날 가능성을 높이고 싶은가?

목표 달성을 용이하게 하는 선택의 순간에 주목하라. 당신의 목표가 계속 돈을 내는 헬스장 회원권을 실제로 사용하는 일이라면, 헬스장에 가기 위해 어떤 행동을 시작해야 하는가? 자정 전에 잠자리에 들면 다음 날 아침 그리 피곤하지 않은 게 확실한가? 영양가 있는 점심 도시락과 간식을 싸서 가면 퇴근했을 때 허기지지 않은 게 확실한가? 헬스장에 가면서 운동복 챙기는 걸 잊어먹지 않았나? 계획한 대로 운동을 했는가?

당신이 계획한 일들을 했는지 확인하라. 짧은 순간 진행되는 일은 간과하기 쉽다. 일상을 관찰하면 당신에게 도움이 되는 선택 순간을 알아내는 데 유용하다(그러니 계속 주목하라). 최근에 있었던 사례를 적을 수 있겠는가?

활용할 친구로 만들고 싶은 사람을 생각해보라. 선택한 주제와 시기를 토대로 최선을 다해 제대로 된 사람을 고르라.

- **내용을 고려하라.** 이 사람과 공유하기에 괜찮은 소재인가? 내용이 이들에게 아무런 위협이 되지 않는가? 내용이 마음에 상처를 주지는 않는가? 내용의 맥락이 당신이 둔감하거나 떠벌리는 것처럼 보이는가? 내

용의 맥락이 상대방 약점과 관련이 있는가? 그래서 당신이 필요로 하는 반응을 상대방이 보이지 않는 걸까?

- **시기를 고려하라.** 상대방은 보통 당신이 원하는 반응을 보이지만 지금 아주 피곤하고, 딴 데 정신이 팔렸거나 스트레스를 받고 있지는 않나? 이 사람이 "시간 되면 전화해, 좋은 소식이 있어."라는 문자를 보내도 되는 사람인가? 당신은 이 사람을 믿어도 되는가, 이 사람은 귀 기울일 시간이 있으면 당신에게 돌아올 사람인가?

망설임을 놓아버려야 한다. 자신에게 "이거 떠벌리는 거 아닐까?"라고 묻는다면, 나는 당신에게 한번 시험해보라고 권하고 싶다. 그것이 바로 이 책이 지닌 참뜻이 아닐까? 당신이 발전하는 순간과 일상을 통해 느끼는 행복한 순간을 누군가에게 말하는 일이 불편하다면, 기회가 있으니 자신에게 가지고 있는 부당한 관념에 도전해보라. 자신을 조금 축하했다고, 어떤 개인적 규칙을 깨뜨리는 일을 하는 걸까?

자신에게 가장 용기를 주는 반응 양식을 준비하라. 당신은 문자로 대화를 하는가, 이메일이나 전화로 대화를 하는가, 아니면 직접 만나는가? 이외의 대화 방식은 더 생각나지 않는다. 각기 장점과 한계가 있지만, 어떤 형식이든 상관없이 대화의 장으로 활용할 수 있다.

- 문자 메시지는 즉시 도움이 되는 반응을 가져온다. 하지만 이메일을 보내거나 말을 할 때만큼 자세하게 설명하지는 못한다.
- 이메일을 보내면 가장 자세히 설명할 수 있지만, 실시간으로 대화할 기회를 놓친다.
- 전화나 직접 만나 대화를 하는 방식이 가장 큰 보상을 받는다는 느낌이 들겠지만, 때로 당신이 대화하고 싶은 상대가 당장 주변에 없어 몇 주 또는 몇 달이 지날 수 있다.

무엇이 당신에게 최선인지 생각해보라. 궁극적으로 소통 방식을 잘 조합하는 방법이 가장 최선일 가능성이 크다.

- 어떤 말이든 간에 당신에게 도움이 되는 말로 대화를 시작하라. "정말 신나!" "친구야, 무슨 일인지 맞춰봐!" "오늘 나한테 무슨 일이 생겼는지 알아?" 등 어떤 말이든 자신만이 쓸 수 있는 말과 대화 상대에게 적합한 말을 사용하라.

- 반복하라!
- 자신의 목표와 일치하는 행동을 계획하라.
- 그 행동을 의식하라.
- 맥락과 연관된 요소, 특히 내용과 시기를 고려해서 적절한 사람을 골라라.
- 대화를 하라!

일단 시도해보라. 대화를 하고, 일지나 서식에 그 진행상황을 몇 자 적어보라. 무엇이 어색한가? 어떤 점이 훌륭한가? 자신에 대해 무엇을 알았나? 어떤 반응을 받았나? 다음에는 무엇을 해보고 싶은가?

당신은 대화가 정말로 쉬운 일이라는 사실을 알게 될 것이다. 혼란스러운 점은 자신이 하는 일, 자신의 목표에 맞는 미세한 순간들에 계속 집중해야 한다는 사실이다. 당신은 현재의 자신이 미래의 자신을 찾을 때, 자신만의 지혜를 행동의 지침으로 쓰려고 할 때 그러한 순간들을 활용하기를 원한다.

나는 당신이 두 번째 원칙에서 건강한 일상 습관을 형성하고, 세 번째 원칙에서 트랩을 포착해서 알아내고, 네 번째 원칙에서 의미 있는 활동으로 전체 일정을 짜는 일들이 당신에게 많은 활용 기회를 제공하기를 희망한다. 자신의 개인 목표를 활용하는 능력은 당신에게 필요한 격려와 동기부여를 제공할 수 있음을 명심하라. 대화 자체만으로도 활용 친구와의 관계를 강화하는 데 도움이 된다. 당신은 자랑하려고 전화하는 게 아님을 명심하라. 삶의 도전에 대처하고 행복을 활성화하는 삶의 의미와 목적을 구축해 가는 과정에서 당신이 체험한 경험을 공유하려고 전화하는 것이다.

| Activating Happiness |

행복한 오늘

나는
오늘부터
행복해
지기로
했다

나만의 핵심 가치관

우리는 자신의 핵심 가치관을 실현하며 시간을 보낼 때, 자신감에 차고 희망적이며 삶에 의미와 목적이 있다고 믿을 가능성이 커진다. 이런 핵심 가치관들이 어떤 것일지는 사람에 따라 다르다. 가족과 시간을 보내고, 출세에 자신을 던지고, 사회에 헌신하고, 자연과 함께하고, 신체에 영양분을 공급하고, 새로운 것을 배울 때 우리는 최선을 다할 것이다.

무엇을 하든 상관없이, 우리는 자신이 중요하다고 생각하는 것과 정기적으로 연결될 때 그저 사는 게 아니라 내가 살아 있다고 느낀다. 행동과 우선순위 간에 조화를 이루면 행복이 커지고 우울함에 적극적으로 대처하게 된다.

하지만 문제가 있다. 노력이 드는 일에는 자원이 소모되고, 우리는 그런 불편을 피할 준비가 되어 있지 않다. 우리의 가치관과 일치하는 행동을 하려면, 무시하고 싶을 때 전화를 받아야 하고, 파자마 차림으로 집에 있고 싶을 때 옷을 입어야 하고, 침묵하고 싶을 때 거리낌 없이 말해야 하고, 창피당하는 게 두려울 때 새로운 것을 시도해야 하며, 나 자신 때문에 정신이 없을 때 조용히 앉아 있어야 한다.

한편으로는 얼마 안 되는 노력을 들여 성과를 올릴 때도 있다. 항상 이런 식이다. 가치관과 일치하는 활동은 친밀한 관계와 재정적·실용적 자원을 키우며 성실함, 창의성, 자기 인식에 기여한다. 가치관과 일치하는 활동은 기민함, 침착함, 신남 같은 긍정적 감정 경험을 만들어낸다. 이런 긍정적인 감정은 번갈아가며 우리가 계속 행동하도록 해주고, 그러한 긍정적 감정 상태를 지속적으로 경험하게 한다. 행운조차 우리 편이 아닌 듯하고 기회 하나 잡을 수 없을 때, 실제 결과가 시원찮더라도 최선을 다해 우리의 선택을 지지한다. 이는 그 자체로 가치 있는 결과이며 따라서 노력할 가치가 있다.

약간만 노력해도 성과가 나온다는 사실을 이성적으로는 아는데도, 우리의 충동은 지금 바로 편안함을 느끼고자 한다. 이것이 우리가 전화벨을 무시하고 "내일 전화해야지."라고 미루게 하고, 파자마 차림으로 집에 있다가 "먼저 이메일을 확인하고 그다음에 옷을 갈아입고 나가야지."라고 생각하게 하고, 침묵을 지키며 "뭐가 문제야? 내가 무슨 말을 해도 달라질 게 없을 텐데."라고 여기게 하고, 참여하지 않고 "난 절대 그 일을 해내지 못할 거야."라고 판단하게 하고, 페이스북을 하면서 TV를 보거나 인터넷 쇼핑을 하도록 만든다. 이는 여전히 우리가 내면의 작은 목소리를 두려워하기 때문이다.

일반적으로 목표를 향해 나아가는 일은 어렵고, 이 어려움은 우울증으로 확대된다. 이 책을 통해 이런 어려움을 정상화하고, 자신의 충동과 행동 선택의 맥락을 이해하는 데 도움이 되고, 언제 왜 선택을 하는지 인식하는 체계를 알게 되길 바란다. 그런 의미에서, 당신이 연민의 태도를 가지게 되고, 심오한 인간성 내에서 쉬워야 하는 일이 항상 그렇게 쉽지는 않다는 점을 당신에게 상기시키는 데 이 책이 도움이 된다면 성공이다. 아울러 현재의 자신뿐 아니라 미래의 자신을 찾고자 최선을 다하면서 일상의 각기 다른 찰나의 순간들을 관찰하기 시작했다면 성공이다. 힘들지만 괜찮다. 시험해보려는 의지로 더 벅찬 순간을 만들고 자신을 삶의 의미와 목적에 더 가까이 데려감으로써 일상 경험을 탐색하는 법을 배우게 될 것이다.

이 책에서 몇 가지 교훈을 얻는다면, 그 첫 번째가 당신의 인식이길 바란다, 바로 자신의 관찰과 시험을 통해 얻은 인식 말이다. 그 인식을 거쳐 수면 일정을 짜고, 운동을 하고, 영양가 있는 음식을 먹고, 처방된 그대로 약을 먹고, 다른 약제 섭취를 제한하게 되며, 휴식을 취하는 일이 건강한 삶의 근원임을 알게 된다. 당신의 기분이 얼마나 저하되어 있든 간에 계속 이러한 행동을 해나가라. 얼마나 자주 울든, 삶의 괴로운 부분이 얼마나 많든, 위기에 처했다고 느끼든지 시계처럼 규칙적으로 이런 행동을 시작하라. 이런 행동이 일상의 습관이 될수록 행동을 완수하는 일이 더 쉬워진다. 정말로 형편없는 기분이고 당신의 사고가 소파에 누워 넷플릭스를 보라고 꼬드긴다 해도 더는 문제가 안 된다.

나는 당신을 서두르게 하고 장기적으로 많은 스트레스를 주는 감정, 즉 고통스럽고 강렬한 감정을 표현하는 말을 저 멀리 내다버리기를 바란다.

당신이 단어로 감정을 설명하면 뇌의 정면부가 활성화되고, 이는 대뇌의 영향력을 일깨워 당신이 감정적 경험을 하게 만든다.

방아쇠와 감정적 반응을 기록하는 능력 자체가 치료법이다. 몇 가지 부가적 기술, 특히 복식호흡으로 자신의 충동과 실제 하려고 선택한 일 사이에서 시간을 버는 능력을 갖는다. 미래의 자신을 희생해가며 오로지 순간에 느끼는 안락함을 가치 있게 여기는 선택을 피하는 데 도움을 주는 말들을 익히게 된다.

자신의 방아쇠를 이해하면 잠시 다른 방식으로 길을 찾는 일에만 도움이 되는 게 아니다. 큰 규모로 변화를 만들어내면 특정한 방아쇠가 가장 먼저 생길 가능성을 줄여줄 수도 있음도 알려준다. 어떤 특정 상황이 당신을 지속적으로 짜증나게 한다면, 이는 당신을 둘러싼 환경에 관해 무엇을 이야기하는 걸까? 거기에 변화를 일으킬 기회가 있는 걸까?

자신의 방아쇠를 이해하면 자기 자신에 관한 것, 즉 당신을 귀찮게 하는 게 뭔지 알게 되고, 자신에게 연민을 가질 기회를 갖게 된다. 당신이 "와, 그 일이 있었던 후부터 항상 걱정했는데…."라는 사실을 깨달을 때, 유년 시절 경험이 지속해서 당신에게 영향을 미친다는 결론을 도출할지도 모른다.

내외부적 방아쇠에 강한 감정 반응을 표출하는 일은 본질적으로 문제가 되지 않는다. 그것은 인간 존재의 방식이고, 뇌의 연결 방식이며, 정신이 삶의 역사와 현재의 환경을 이해하는 방식이다. 당신에게는 자신의 반응을 받아들이고 자신의 반응을 인정하고 행동에 개입할 기회가 있다. 당신에게는 "내가 왜 지금처럼 반응하는지 알겠어. 이제 다음에 해야 할 가장 나은 선택은 무엇일까?"라고 말할 기회가 있다.

나는 또한 직관적으로 좋고 올바르다고 느끼는 순간들을 일정에 언제, 어떻게 반영할지 결정할 때 전략적으로 접근하기를 바란다. 기준이 되는 가치와 우선순위에 맞게 행동하기로 선택하면 그 순간들이 올바르다고 느껴질 것이다. 자신이 계획한 대로 활동한 순간마다, 트랩에 방해받지 않은 순간마다 기분이 좋아졌기를 바란다. 그렇다면 정말 감사한 일이다.

당신이 목표를 완수하는 연습을 많이 할수록, 이 순간의 승리를 다른 사람들과 축하하고 싶다는 사실을 더 많이 느끼고, 자신의 이야기가 변해가는 것을 더 잘 알게 된다. 우리가 자기 자신에게 말하는 이야기는 강력하다. 당신은 자신이 굴하지 않는 배짱과 계속 버틸 희망을 가진 사람처럼 보이기 시작하는가?

미래의 나 찾기

이 여정을 나와 함께해줘서 감사하다. 나는 당신이 지속적으로 발전해나감에 따라 계속 적극적으로 계획하고 관찰하기를 바란다. 앞으로 몇 달 후나 몇 년 후에 자신의 행동이나 기분에 변화가 생겼다는 사실을 알아채기 시작할 때마다 이 책과 기록한 내용을 다시 살펴보기를 바란다.

행복한 순간을 달성하고 행복을 활성화하는 일이 역동적인 과정임을 기록하는 게 중요하다. 행복은 일련의 행동으로 구성되고, 그 행동은 끝없이 변하는 환경으로 형성된다. 그런 점에서 이 책은 변화하는 환경에 대응하는 매일의 삶의 과정을(어쩌면 철학까지) 체계화하도록 돕는다.

문제에 부딪히고 의기소침해지는 시기도 있다. 그런 시기는 정상적이며, 우리 모두에게 일어나는 일이고, 인간 경험의 일부다. 자신의 정신과 육체를 돌보는 방법을 알고, 목적이 있고 지혜로운 선택을 할 의향이 있으면 훨씬 더 침착하게 미래에 있을 미지의 도전과제를 직시할 수 있을 것이다.

미래의 자신을 돌본다는 마음으로 잠시 시간을 내고, 당신의 관찰력이 생생할 때 일지나 서식에 있는 다음 질문에 신중하게 대답하라. 이 대답은 자신의 건강한 습관이 줄었다거나 의욕저하와 우울한 습관이 증가한다는 사실을 알아챘을 때 간단히 참조하는 데 도움이 된다.

- 당신이 장기적 목표보다 미루는 습관에 빠지고 변명하기와 일시적 편안함을 선택하고 있다는 징후는 무엇인가?
- 당신이 궤도를 벗어나면 편안하게 다시 궤도로 돌아가도록 신호를 보내주는 것, 즉 이 책에서 배운 가장 큰 교훈은 무엇인가?
- 무기력하다기보다는 적극적으로 "하고 싶지 않아."라고 반응하는 자신의 우울한 습관을 포착하는 노력은 왜 가치가 있는 걸까?
- 의욕이 아무리 저조하더라도 상관 않고 틀에 박힌 체계적 활동을 하는 노력은 왜 가치가 있는 걸까?
- 전반적으로 이 책의 활동에 참여해서 자신에 대해 알게 된 점은 무엇인가?
- 미래의 자신이 이 책에 참여한 것에 대해 기억했으면 하고 바라는 점이 있는가?

이 책의 본질은 당신이 일상생활에서 순간순간의 선택 지점을 찾아내도록 돕는 일이다. 이런 선택 순간은 당신 삶 내내 축적되고 삶의 목적과 의미를 만드는 순간들이다. 개인적인 행복감을 활성화하기 위해 지속적으로 노력해서, 끝없이 진화하는 일상생활의 선택 순간을 찾아내는 지침으로 자신의 지혜를 활용하기 시작했기를 바란다.

| 참고 문헌 |

Alex Korb, *The Upward Spiral* (Oakland: New Harbinger Publications, 2015)

Charles Duhigg, *The Power of Habit* (New York: Random House, 2012).

Christopher R. Martell, Sona Dimidjian, and Ruth Herman-Dunn, *Behavioral Activation for Depression* (New York: The Guilford Press, 2010); Rachel Hershenberg, Rachel V. Smith, Jason T. Goodson, and Michael E. Thase, "Activating Veterans Toward Sources of Reward: A Pilot Report on Development, Feasibility, and Clinical Outcomes of a 12-Week Behavioral Activation Group Treatment," Cognitive and Behavioral Practice, (forthcoming)

Inspired by Alec L. Miller, Jill H. Rathus, and Marsha M. Linehan, *Dialectical Behavior Therapy with Suicidal Adolescents* (New York: The Guilford Press, 2007).

Jon Kabat-Zinn, *Wherever You Go, There You Are* (New York: Hachette Books, 2014).

Mark Williams, John Teasdale, Zindel Siegel, and Jon Kabat-Zinn, *The Mindful Way Through Depression* (New York: The Guilford Press, 2012).

Matthew McKay, Jeffrey C. Wood, and Jeffrey Brantley, *The Dialectical Behavior Therapy Skills Workbook* (Oakland, CA. New Harbinger Publications, 2007).

Rachel Hershenberg, Rachel V. Smith, Jason T. Goodson, and Michael E. Thase, "Activating Veterans Toward Sources of Reward: A Pilot Report on Development, Feasibility, and Clinical Outcomes of a 12-Week Behavioral Activation Group Treatment," Cognitive and Behavioral Practice, (forthcoming).

Robert L. Leahy, The Worry Cure (New York: Three Rivers Press, 2005).

Tara Parker-Pope, "Really, Really Short Workouts," New York Times, accessed May 2, 2017. (http://www.nytimes.com/well/guides/really-really-short-workouts)

Trevor Mazzucchelli, Robert Kane, and Clare Rees, *"Behavioral Activation Interventions for Well-Being: A Meta-Analysis"* The Journal of Positive Psychology 5 (May 2010).

Trevor Mazzucchelli, Robert Kane, and Clare Rees, *"Behavioral Activation Treatments for Depression in Adults: A Meta-Analysis and Review"* Clinical Psychology: Science and Practice 16 (October 2009): 383~411.

나는 오늘부터 행복해지기로 했다

초판 1쇄 발행 2018년 12월 21일

지은이 레이첼 허센버그
옮긴이 우영미
출판기획 경원북스
등록 2018년 3월 27일 (제307-2018-15호)
펴낸곳 경원출판사(경원북스)
주소 서울시 중구 퇴계로 272 아도라타워 601호
전화 02-2607-2289
팩스 02-6442-0645
인쇄 (주) 두경프린텍
이메일 kyoungwonbooks@gmail.com

ISBN 979-11-963727-7-4 (03190)
정가 14,000원

잘못된 책은 본사나 구입하신 서점에서 교환해 드립니다.

이 도서의 국립중앙도서관 출판예정도서목록(CIP)은 서지정보유통지원시스템 홈페이지(http://seoji.nl.go.kr)와 국가자료공동목록시스템(http://www.nl.go.kr/kolisnet)에서 이용하실 수 있습니다.(CIP제어번호: CIP2018040007)